주머니에서
꺼내보는
지혜

주머니에서 꺼내보는

지혜

장원일 지음

지혜는 세상을 넓게 보며
야망을 품게 한다.

미래사

위인의 지혜로 야망을 품다

이 책(册)은 수천 년 동안 인류의 역사를 밝혀온
성인(聖人)과 현자(賢者)들의 말씀을
명언(名言) · 병법(兵法) · 철학(哲學) · 논어(論語)의
4개 영역에서 100편의 구절을 모아
요점 이해와 어휘 및 전문용어를 풀이하여
정리한 위인(偉人)의 경전(經典)이며 지혜(智慧)의
학습서(學習書)이다.

지혜(智慧)로운 사람은 언제나 정직(正直)하고
순결(純潔)하며, 분수에 지나치게 탐(貪)하지
아니하며, 잘못된 유혹(誘惑)에 빠지지 않으며,
어질고 너그러운 덕행(德行)으로 삶의 새로운
가치를 추구(追求)한다.

장년(壯年)이 돼서야 지혜(智慧)의
가치를 깨달았다

가난했던 시대(時代)에 시골에서 태어나 보자기 책가방을 둘러메고 학교를 다녔으며 먹고사는 문제로 공부에 열중할 여념(餘念)조차 없었다.

물론 어쩌다가 위인전(偉人傳)을 읽기는 했지만 흉내만 냈을 뿐 절실하게 인지(認知)하고 터득(攄得)하지 못했다. 겨우 장년(壯年)이 돼서야 인생의 교훈(敎訓)이 되고 지침(指針)이 되는 위인(偉人)의 지혜를 통찰(洞察)하게 되었고 아울러 실감 있는 변화도 체험(體驗)하였다.

그래서 성자(聖者)나 문인(文人)·철인(哲人)·군자(君子)·장수(將帥)들이 말씀하고 실천(實踐)했던 자료를 모았고 그중에서 감명(感銘)깊게 느낀 것을 뽑아 아직 직접 접해보지 못한 젊은 학도(學徒)들과 공유(共有)하고자 저술하게 되었다.

지혜로운 삶은 수신제가치국평천하
(修身齊家治國平天下)를 천하는 것이다

지혜로운 삶은 자신에 대한 의

식(意識)이나 관념(觀念)을 초월하여 만물에 대한 이치(理致)를 깨닫고 만사(萬事)의 상황에 대처하는 판단력을 발휘하는 것을 뜻한다.

그러므로 좁게는 옳고 그름을 가리는 시비(是非)와 착한 것과 악한 것을 가리는 선악(善惡)이며 아름다움과 추한 것을 가리는 미추(美醜)와 경쟁이나 전쟁에서 이기고 지는 승패(勝敗)이며, 넓게는 유교(儒敎)의 경전(經典)의 말씀 중 1,000년이 넘게 국민교본(國民敎本)으로 전해지고 있는 바로 수신제가치국평천하(修身齊家治國平天下)의 실천이다.

즉, 마음과 행실을 바르게 닦은 사람이 집안을 다스리고 집안을 바르게 다스린 사람이 나라를 다스려야 온 세상이 화목(和睦)하고 평화(平和)로우며 평안(平安)하다는 뜻이다.

이 책(冊)은 위와 같은 실천이 가능토록 도움이 되는 명언(名言)·병법(兵法)·철학(哲學)·논어(論語)의 4개 영역에서 100편의 글귀를 모아 종합적인 독해와 학습의 편리를 위하여 기본 구절에 따른 요점 이해를 제시했으며 관계있는 어휘(語彙)와 전문용어(專門用語)를 한자와 영어를 상세히 풀이하여 학습서(學習書) 형식으로 정리하였다.

진정한 인재(人材)는 지혜를
겸비(兼備)하고 실천하는 사람이다

　　　　　　인재(人材)는 일반적으로 지식과 기술의 전문성(專門性)을 갖추고 창의력(創意力)을 발휘하는 재능이 뛰어난 사람으로 알려지고 있다. 그러나 새 시대를 열어갈 진정(眞正)한 인재(人材)는 여기에 더하여 인품(人品)과 도덕(道德)과 이성적(理性的)인 판단력을 망라(網羅)하는 지혜를 겸비(兼備)한 자가 등용(登庸) 될 것이 분명하다.

　따라서 역사적으로 숭상(崇尙)해온 위인(偉人)의 지혜를 본받아 자연스럽게 음미(吟味)하며 참된 삶을 영위(營爲)하는 데 근본으로 삼아야 할 것이다.

여백(餘白)의 공간은 교양(敎養)과
상식(常識)으로 장식하였다

　　　　　　각 구절(句節)이나 문장(文章)의 여백에는 교육과 흥미의 효과를 높이기 위하여 명언(名言)과 병법(兵法)과 철학(哲學)과 논어(論語)에 관련된 인물 소개·인생에 관한 행복 조건·인격 수양(修養)을 위한 명심보감(明心寶鑑)의 일부를 '교양코너'에 각각 수록(收錄)하였다.

장원일

Guide 1

＊지혜(智慧)의 의미(意味)와 가치(價値)

智 지혜 지

이 한자(漢字)는 말씀으로 올바르게 밝히거나 깨닫게 한다는 뜻
의 曰(가로 왈)이 변형된 日(해 일)과 지식과 이치를 뜻하는 知(알지)
가 합해진 글자로 새로운 상황을 분별하고 이치에 맞게 깨달
아 올바르게 대처하는 의식 작용을 뜻함.

· 여기서 曰(가로 왈)은 입 모양을 그린 ⊍ → ⊔에 말할 때 움직이는 혀 모양인 ㄴ이 합해져
  ⊔ → 曰으로 된 것임.

· 여기서 知(알 지)는 화살을 쏘려고 당기는 모습을 본뜬 矢(화살 시)와 큰 소리로 말한다는 뜻
  의 口(입 구)가 합해진 글자로 과녁을 향해 쏜 화살이 어디에 꽂혔는지를 관측자가 말로 알려
  준다는 뜻으로 된 것임.

慧 지혜 혜

이 한자(漢字)는 생각한다는 뜻의 心(마음 심)과 풀이 솟아올라 자
라는 모양을 뜻하는 艸(풀 초)가 변형되어 풀로 만든 비의 모양
을 본뜬 丯丯와 비를 잡고 있는 손의 모양을 본뜬 彐이 彐으로 바

꿰어 합해진 글자로 비로 바닥을 말끔히 쓸듯이 티끌 하나 없는 깨끗한 마음으로 사물을 본다는 데서 지혜와 총명을 뜻함.

가. 지혜(智慧)의 의미(意味)

· 깨끗한 마음과 올바른 의식으로 사물에 대한 이치를 깨달아 정확하게 처리하는 재능(才能)이며,
· 시비(是非)와 선악(善惡)과 미추(美醜)와 승패(勝敗)와 정의(正義)와 불의(不義)를 분별하는 능력(能力)이다.

나. 지혜(智慧)의 가치(價値)

푸른 하늘을 향해 찬란하게 솟아 비치는 새벽의 햇살과 같은 기운으로 행복(幸福)을 창조하고 새로운 세상을 개척하며 지식(知識)과 함께 역사를 끊임없이 이루어 나가는 것이다.

Guide 2

Ⅰ 명언(名言)은 사물의 이치(理致)와 도리(道理)에 맞는 훌륭한 말이라는 뜻이며, 과거나 현재에 생존한 문인(文人)·현인(賢人), 전문가들의 경험과 예언(豫言)에 관한 짧은 글귀로 현대인들에게 현명한 지혜(智慧)로 야망(野望)에 도전(挑戰)하는 정신(情神)을 갖게 한다.

Ⅱ 병법(兵法)은 중국 춘추(春秋) 전국(戰國)시대 전쟁(戰爭)이 격화될 때 당시에 위대한 정치가인 손문(孫文)과 한비자(韓非子) 등에 의해 전쟁 수행(遂行)의 방법과 전술(戰術)·전법(戰法)·병술(兵術)·병도(兵道) 및 군술(軍術) 등의 내용으로 쓰여진 책으로 오늘날까지 성공을 위한 교훈과 처세술(處世術)로 그 명성(名聲)을 갖고 있다.

Ⅲ 철학(哲學)은 인류의 역사(歷史)와 함께 발전된 학문(學問)으로 그 어원(語源)은 사랑한다는 뜻인 philos와 지식을 뜻하는 sophia가 합성(合成)된 언어로 지식(知識)과 지혜에 대한 뜨거운 사랑이 곧 철학을 하는 정신의 근본이다. 따라서 철학의 뜻은 인간과 세계에 대한 근본 원리와 삶의 본질(本質)을 가르쳐주고 있다.

Ⅳ 논어(論語)는 인(仁)의 사상을 중심으로 하는 유교(儒敎)를 주창(主唱)한 공자(孔子)의 언행(言行)과 그의 제자와 현인(賢人)들과의 주고받은 지혜롭고 삶에 소중한 보배가 되는 문답(問答) 내용을 모아 엮은 책으로 맹자(孟子)·중용(中庸)·대학(大學)과 함께 중국 고전(古典)의 사서(四書)를 이루며 시대를 초월하여 본받을 만한 모범(模範)과 삶의 기준이 되고 있다.

차례(次例)

"지혜(智慧)로운 생각과 행복(幸福)한 삶은 신(神)의 축복이다."

명언(名言)은 사물의 이치(理致)와 도리(道理)에 맞는
훌륭한 말이라는 뜻이며, 과거나 현재에 생존한 문인(文人)·
현인(賢人)·전문가들의 경험과 예언(豫言)에 관한 짧은 글귀로
젊은 현대인들에게 새로운 삶과 세상을 개척(開拓)하는
도전(挑戰) 정신(精神)을 갖게 한다.

「제Ⅰ명언」편의 여백(餘白)에는 명언(名言)과
관계되는 인물(人物)을 소개하고 국민 의식을 위한
역사(歷史) 상식을 추가로 수록하였다.

고전(古典)을 읽는 가치는 인문학적 지식을 얻고, 인생에 도움이 되는 지혜(智慧)를 배우며, 조직 생활에서 유용한 처세(處世) 전략(戰略)을 얻기 위함이다.

_『고전의 전략』 중에서

요점 이해

우리는 옛날에 훌륭한 성인이나 현인들이 쓴 고전을 통해서 인류 문화에 관한 지식과 지혜·인간관계·전쟁 방법 등을 배운다.

어휘·용어 풀이

❶ 고전(古典, old book·classics) - 옛날의 작품이나 서적, 옛날의 경전[經典, 성인(聖人)·현인(賢人)이 지은 책, 불교(佛敎)나 유교(儒敎)의 교리(敎理)를 적은 책], 옛날의 의식(儀式)·법식(法式).

• 古(옛 고·예 고·예전 고·옛날 고·우선 고) • 典[법 전·경전 전·책 전·의식 전·고사(古事, 옛날부터 전해오는 유래가 있는 일) 전]

❷ 지식(知識, knowledge) - 어떤 대상을 연구하거나 배우거나 실천을 통해서 얻은 명확한 인식이나 지혜. 정신의 작용을 통해 알려진 객관적인 판단의 체계.

• 知(알 지·알릴 지·나타낼 지·주관할 지) • 識(알 식·지식 식·식견 식·적을 지·기록할 지·깃발 치)

❸ 지혜(智慧, wisdom·intelligence) – 슬기와 같은 말로 사물의 이치를 빨리 깨달아 밝히고 시비(是非)와 선악(善惡)을 정확하게 가려내는 능력, 또는 사물을 정확하게 처리하는 재능.

＊wisdom은 지혜·용기·절제·정의인 사덕(四德)의 하나로 인생의 지침이 되는 것과 같은 인격과 깊이 결부되어 있는 실천적 지식을 뜻함.

• 智(지혜 지·슬기 지·재능 지·모략 지·총명할 지) • 慧(슬기로울 혜·총명할 혜·교활할 혜)

❹ 처세(處世, conduct of life·principle of life) – 사람들과 사귀거나 사회활동하며 현명하게 살아가는, 또는 그런 일.

• 處(곳 처·처소 처·때 처·시간 처·지위 처) • 世(인간 세·일생 세·세대 세·시대 세)

❺ 전략(戰略, strategy) – 전쟁의 계책으로 전쟁을 위한 준비·계획·병력 운용의 방책.

• 戰(싸움 전·싸울 전·전쟁 전·경기 전·전투 전) • 略(간략할 략·다스릴 략·경영할 략·약탈할 략)

군자(君子)의 도리는 가난할 때 청렴(淸廉)함을 나타내고, 부유할 때 의(義)로움을 나타내며, 산 자에 대해서는 자애(慈愛)로움을 나타내며, 죽은 자에 대해서는 슬픔을 나타내는 품행을 가져야 한다

_ 묵자

요점 이해

학식과 덕행이 높은 군자는 마음이 깨끗해야 하며 도리를 지키고 사랑을 베풀며 슬픈 자를 위로하는 성품을 가져야 한다.

어휘·용어 풀이

❶ 도리(道理, reason·duty) – 어떤 입장에서 사람으로서 마땅히 해야 할 바른 길.

• 道(길 도·가르칠 도·깨달을 도·이끌 도) • 理[다스릴 리(이)·깨달을 리(이)·이치 리(이)·수선할 리(이)]

* 道德(도덕) : 사회생활에 있어서 사람이 사람으로서 행하여야 하는 이치(理致)와 법칙(法則)과 그것을 자각하여 실천하는 행위. 도(道)와 덕(德)은 중국 춘추시대의 사상가인 노자(老子)가 말한 염담허무(恬淡虛無, 세상의 모든 명예와 이익을 떠나 마음을 자신을 잊거나 자신의 존재를 잊는 무아(無我)의 경지에 둔다는 뜻)의 학(學)을 뜻함.

❷ 청렴(淸廉, integrity) – 마음이 휠 정도로 깨끗하고 재물을 탐내는 일이 없는.

- 靑(맑을 청·깨끗할 청·탐욕이없을 청) • 廉(청렴할 렴·결백할 렴·검소할 렴)

❸ 부유(富裕, wealth·richness) – 재물이 아주 넉넉한, 경제적으로 풍요
로운.

- 富(부유할 부·성할 부·풍성할 부·부자 부) • 裕(넉넉할 유·너그러울 유·옷이헐렁할 유)

❹ 의(義, justice·righteousness) – 사람으로서 지켜야 할 떳떳하고 정당
한 도리.

- 義[옳을 의·의로울 의·바를 의·착할 의·순응할 의·선량(善良)할 의]

❺ 자애(慈愛, affection) – 정(情)이 많고 아랫사람에게 베푸는 도타운
사랑.

- 慈(사랑 자·자비로울 자·어머니 자·사랑할 자) • 愛(사랑 애·자애 애·인정 애)

* 慈悲心(자비심) : 사랑하고 가엽게 여기는 마음, 중생(衆生)을 사랑하는 마음.

- 중생(衆生) : 불교(佛敎)에서 인간을 포함하여 생명을 가진 모든 생물을 말함.

❻ 품행(品行, conduct·behaviour) – 품격과 성질과 행실이 바르고 훌륭한.

- 品(물건 품·물품 품·품격 품) • 行(다닐 행·행할 행·순시할 행·행실 행·행위 행)

교양코너 – 인물 소개

묵자(墨子)

중국 전국(戰國) 시대 초기의 사상가로 '이익은 북돋우고 해(害)는 없앤다'
는 정치를 주장하였다. 그는 인간 집단의 전체적인 번영인 이(利)에 주목
하고 그것을 달성하는 강제적 연대와 공동의 겸애(兼愛 : 모든 사람을 똑같이 두
루 사랑하는)를 주장하였으며, 침략주의를 배격하고 다스리는 자의 사치를
추방하였다.

노력을 중단(中斷)하는 것보다 위험(危險)한 것은 없다. 그것은 습관(習慣)을 잃는다. 습관은 버리기는 쉽지만 다시 들이기는 어렵다.

_ 빅토르 위고

요점 이해

어떤 목적을 향한 노력은 반복된 자극과 반응에 의하여 습관적으로 이루어진다. 그러므로 습관을 중단하면 노력도 없고 성공도 없다.

어휘·용어 풀이

❶ 노력(努力, effort·endeavor) – 무엇을 이루기 위하여 정신적·육체적 힘을 들이는.

• 努(힘쓸 노·부지런히일할 노) • 力(힘 력·힘쓸 력·부지런히일할 력·일꾼 력·군사 력·병사 력)

❷ 중단(中斷, discontinuance) – 한가운데를 자른다는 뜻으로 계속하다가 도중에 그만두는.

• 中(가운데 중·안 중·속 중·사이 중·중도 중) • 斷(끊을 단·나눌 단·결단할 단)

❸ 위험(危險, danger) – 불행한 사고가 생길 정도로 위태롭고 험악한.

• 危(위태할 위·위태로울 위·불안할 위) • 險(험할 험·높을 험·험준할 험·위태로울 험)

❹ 습관(習慣, habit) – 어떤 행위를 오랫동안 되풀이하는 과정에서 저절로 익혀진 행동방식. 어떤 행동이나 의식의 형태가 고정되어 있어 그것이 언제나 같은 형태로 무의식중에 나타나는.

• 習(익힐 습·익숙할 습·연습할 습·버릇 습) • 慣(익숙할 관·익숙해질 관·버릇 관·관례 관)

＊三歲之習(삼세지습) : 세 살 적 버릇.

＊學而時習(학이시습) : 배우고 때때로 익힌다는 뜻으로 배운 것을 항상 복습하고 연습하면 그 참뜻을 알게 된다는 말.

교양코너 – 인물 소개

빅토르 위고(Victor Hugo·Victor Marie Hugo, 1802~1885)

– 프랑스 낭만파(浪漫派) 시인, 소설가 겸 극작가, 걸작 소설 『노트르담 드 파리』

– 빅토르 위고의 명언(名言)

인생에 있어서 최고의 행복은 우리가 사랑받고 있음을 확신하는 것이다.(LIfe's greatest happiness is to be convinced we are loved.)

뇌물(賂物)은 용기를 잃고, 거짓과 속임은 신의(信義)를 잃고, 멸시(蔑視)와 천대(賤待)는 이웃을 잃고, 음란(淫亂)과 방탕은 가정을 잃으며, 허영(虛榮)과 허욕(虛慾)은 진실을 잃는다.

_『새로운 세기의 시작』 중에서

요점 이해

부정으로 돈을 주고받으면 당당함이 없고, 거짓과 수단으로 대하면 신뢰가 없으며, 술과 여자를 밝히면 가정이 없고, 헛된 꿈만 좇으면 참된 삶이 없다.

어휘·용어 풀이

❶ 뇌물(賂物, bribe) – 일정한 직무에 있는 사람의 마음을 사려고 넌지시 주는 부정한 돈이나 물건.

• 賂[뇌물 뇌(뢰)·선물 뇌(뢰)·뇌물을줄 뇌(뢰)] • 物(물건 물·만물 물·사물 물·일 물·재물 물)

❷ 신의(信義, faithfulness) – 믿음과 의리(義理 : 사람과의 관계에서 지켜야 할 바른 도리).

• 信(믿을 신·신임할 신·맡길 신·편지 신) • 義(옳을 의·바를 의·선량할 의·착할 의)

❸ 멸시(蔑視, contempt) – 남을 업신여겨 보잘것없이 생각하는, 몹시 낮추어 깔보는.

• 蔑(업신여길 멸·욕되게할 멸·모독할 멸) • 視(볼 시·엿볼 시·보일 시·간주할 시)

❹ 천대(賤待, contemptuous) - 사람을 업신여겨 푸대접하거나 함부로 다루는.

- 賤(천할 천·천히여길 천·업신여길 천) • 待(대우할 대·대접할 대·기다릴 대·대비할 대)

❺ 음란(淫亂, lewdness) - 술과 여자에 빠져 행실이 막되고 도덕과 질서를 지키지 않고 어지러운.

- 淫[음란할 음·탐할 음·욕심낼 음·사악(邪惡, 간사하고 악하다는 뜻으로 자기의 이익에 따라 마음이 변하는)할 음] • 亂[어지러울 란(난)·음란할 란(난)]

❻ 방탕(放蕩, dissipation) - 술과 여자·도박 등에 빠져 행실이 좋지 않고 갈피를 잡지 못하는.

- 放[방자(放恣, 멋대로 하는)할 방·놓을 방] • 蕩[방탕할 탕·방종(放縱, 멋대로 행동하며 거리낌이 없는)할 탕]

❼ 허영(虛榮, vanity) - 헛된 영화(榮華 : 귀한 몸으로 세상에 드러나고 이름이 빛나는).

- 虛(빌 허·없을 허·헛될 허·공허할 허) • 榮(영화 영·영예 영·영광 영·명예 영)

❽ 허욕(虛慾, vain ambitions·false desires) - 헛된 욕심, 당치도 않은 욕심.

- 虛(빌 허·없을 허·헛될 허·공허할 허) • 慾[욕심 욕·욕정(慾情) 욕·탐낼 욕]

❾ 진실(眞實, truth·sincerity) - 거짓이 없이 바르고 참된.

- 眞(참 진·진리 진·진실 진·본성 진·참으로 진) • 實(열매 실·씨 실·종자 실·본질 질·참된 실)

다른 사람을 아는 것은 지식(知識)이고, 나를 아는 것은 진정한 지혜(智慧)이며, 다른 사람을 지배(支配)하는 것은 힘이고, 나를 지배하는 것은 진정한 능력이다.

_ 노자

요점 이해

다른 사람의 품격과 능력을 아는 것은 지식이고 자신에 대해서 깨달아 아는 것은 참된 지혜이며, 다른 사람을 마음대로 부리는 것이 힘이며 자신을 자유롭게 다루는 것은 진정한 능력이다.

어휘·용어 풀이

❶ 지식(知識, knowledge) – 어떤 대상을 연구하거나 배워서 명확히 인식하고 이해한 내용.

• 知(알 지·알릴 지·나타낼 지·슬기 지) • 識(알 식·지식 식·식견 식·친분 식·표시할 식)

❷ 지혜(智慧, wisdom·intelligence) – 슬기와 같은 말로 사물의 이치를 빨리 깨달아 밝히고 시비(是非)와 선악(善惡)을 정확하게 가려내는 능력 또는 사물을 정확하게 처리하는 재능.

• 智(지혜 지·슬기 지·재능 지·모략 지·총명할 지) • 慧(슬기로울 혜·총명할 혜·교활할 혜)

❸ 지배(支配, domination·control·rule) – 살리고 죽이고 주고 빼앗는 권한을 멋대로 부리는. 상대편의 의사를 무시하고 생각하고 행동하

는 것을 구속하는. 지배자가 주권(主權)을 행사하여 나라와 백성 또는 국토와 국민을 지배하는.

 * 전쟁에서 승리(勝利)와 패배(敗北)는 곧 지배국가와 노예국가로 구분된다.

④ 능력(能力, ability · capacity) – 어떤 일을 감당해 낼 수 있는 힘, 어떤 기능에 대한 가능성. 어떤 일에 대하여 요구되고 적당하다고 인정(認定)되는 자격과 행위.

 • 能(능할 능 · 할수있을 능) • 力[힘 력(역) · 하인(下人) 력(역) · 일꾼 력(역) · 힘쓸 력(역)]

 * **全力投球**(전력투구) : 글자 그대로 풀면 온 힘을 다해 공을 던진다는 뜻이며, 진정한 의미는 모든 일에 최선을 다한다는 뜻임.

교양코너 – 인물 소개

노자(老子)

중국 춘추시대 초(楚)나라 사상가(思想家)로 도가(道家)의 시조(始祖)이며 이름은 이이(李珥)이다. 그는 유교(儒敎)에서 말하는 예제(禮制)나 도덕(道德)보다 사회가 평화롭고 사람들이 행복하게 사는 무위자연(無爲自然)의 도(道)를 나라의 이상(理想)으로 주장했다.

• 道家(도가) : 무위자연설을 근간으로 하는 중국의 다신적 종교인 도교(道敎)를 믿고 그 도(道)를 닦는 사람. 중국 선진(先秦)시대에 만물의 근원으로서 자연을 숭배하는 사상가 노자(老子)와 장자(莊子)의 허무(虛無) 염담(恬淡, 욕심이 없이 한가한) 무위(無爲)의 설(說)을 받드는 학파(學派).

• 無爲自然(무위자연) : 인위(人爲)를 더하지 않은 있는 그대로의 자연을 뜻하며 깊은 의미는 자연에 거스르지 않는 순응하는 태도를 뜻함.

도(道)는 사람들이 좇아야 할 천지만물의 근본이치이고, 덕(德)은 사람들이 도(道)를 행하면서 마음속으로 체득하는 이치이고, 인(仁)은 사람이 살아가면서 남과 친애하는 데서 깨닫는 덕목이다.

_『삼략(三略)』 중에서

요점 이해

만물의 근본 이치를 깨달은 사람은 도리를 바탕으로 사랑과 물질을 베푸는 따뜻한 마음으로 세상을 살아간다.

어휘·용어 풀이

❶ 도(道, truth·morality·doctrines) – 인간이 마땅히 지켜야 할 도리. 종교적으로 깊이 통하여 알게 되는 이치 또는 그런 경지.

• 道(길 도·갈 도·가르칠 도·깨달을 도)

❷ 천지(天地, heaven and earth) – 하늘과 땅을 말하며 "세상·우주·세계"의 뜻으로 쓰임.

* 하늘은 지평선(地平線) 위의 까마득하게 높고 먼 무지개 모양의 굽은 형상. 천문학에서는 보이는 반구형(半球形)과 반대쪽에 있는 반구형을 포함하는 무한대의 공간을 말함.

• 天(하늘 천·하느님 천·임금 천·천자 천·자연 천) • 地(땅 지·대지 지·장소 지·육지 지·영토 지)

❸ 만물(萬物, all things·all creation) — 갖가지 수많은 물건. 우주에 존재하는 모든 것.

• 萬(일만 만·매우많을 만·대단히 만) • 物(물건 물·만물 물·사물 물·일 물·재물 물)

❹ 근본(根本, root·foundation) — 초목의 뿌리라는 뜻으로 어떤 본질의 근원이 되거나 주가 되는.

• 根(뿌리 근·근본 근·밑동 근·마음 근·생식기 근) • 本(근본 본·뿌리 본·원래 본·근원 본)

❺ 이치(理致, reason·principle) — 사물에 관한 정당한 합리성, 도리에 맞는 취지.

❻ 덕(德, virtue) — 공정하고 포용성이 있는 마음이나 품성. 도덕적 이상 또는 법칙을 좇아 확실히 의지를 결정할 수 있는 인격적 능력. 윤리학상 가장 중요한 개념으로 의무적 선(善) 행위를 선택하고 실행하는 습관.

• 德[큰 덕·베풀(도와주어서 혜택을 받게 하는) 덕·고맙게생각할 덕·선행 덕·정의 덕]

❼ 체득(體得, learn by experience) — 몸소 체험하여 알게 되는. 지식이나 진리, 기술이나 운동 따위의 뜻을 이해하여 실천으로 익히는.

• 體(몸 체·신체 체·몸소 체·형상 체·물체 체) • 得(얻을 득·손에넣을 득·깨달을 득)

❽ 인(仁, perfect virtue) — 공자(孔子)가 주장한 유교(儒敎)의 도덕·정치 이념.

＊오상(五常)의 하나로 모든 덕(德)의 기초로서 공자는 이것을 극기복례(克己復禮)라고 설명하고 일반적으로 사랑 또는 박애가 그 내용으로 됨.

• 극기복례 : 욕망이나 거짓된 마음을 자기 자신의 의지력으로 억제하고 예의에 어그러지지 않도록 하는.

❾ 덕목(德目, items of virtue) – 충(忠)·효(孝)·인(仁)·의(義) 등 덕을 분류하는 명목.

- 德[큰 덕·베풀(도와주어서 혜택을 받게 하는) 덕·고맙게생각할 덕·선행 덕·정의 덕] •目 (눈 목·눈빛 목·견해 목·요점 목·목록 목·조목 목)

교양코너

삼략(三略)

중국 주(周)나라의 병서(兵書, 군사를 다루는 병법에 관하여 쓴 책)로 상략(上略)·중략 (中略)·하략(下略)의 세 권으로 되어 있음. 여기서 略(략)은 어떤 문제가 닥 쳤을 때 그 상황에 맞게 즉시 처리하는 꾀나 수단 또는 슬기를 뜻함.

배움이 없는 자유(自由)는 언제나 위험(危險)하며, 자유가 없는 배움은 언제나 헛된 일이다.

_존 F. 케네디

요점 이해

스스로 배우고 깨달아 터득한 자유는 그 가치를 알고 행동하지만 아무 깨달음 없이 배우기만 한 사람은 진정한 자유를 모르고 살아간다.

어휘·용어 풀이

❶ 자유(自由, freedom·liberty) – 구속(拘束)이나 장해(障害)가 없이 정당한 행동을 마음대로 실현하는. 국가의 권력과 관계가 없는 상태나 국가 권력의 개입을 배격하는 것.

* freedom은 개인적이고 절대적인 자유를 말함. 즉 생활에 대한 자유로움을 뜻함.

* liberty는 국가로부터 인정된 특권을 말하며 법률적인 뜻이 있는 것임.

* 自由民主主義(자유민주의)는 자유주의에 입각한 민주주의 사상으로 국민이 권력을 가지고 그 권력을 스스로 행사하는 제도 또는 그런 정치를 지향하는 사상.

- 自(스스로 자·몸소 자·자기 자·저절로 자·자연히 자) • 由(말미암을 유·좇을 유·따를 유·행할 유)

❷ 위험(危險, danger) – 닥친 상황이나 처지가 아슬아슬할 정도로 위태롭고 험악한.

- 危(위태할 위·위태로울 위·불안할 위) • 險(험할 험·높을 험·험준할 험·위태로울 험)

* **危險物**(위험물, dangerous article) : 화재·폭발·독가스 등 안전하게 취급해야 할 위험성이 있는 물품.

교양코너 – 인물 소개

케네디(John F. Kennedy)

– 미국(美國)의 36대 대통령이며 정치인.

– 남긴 명언(名言)

1. 조국(祖國)이 여러분을 위해 무엇을 할 수 있는지 묻지 말고, 여러분이 조국을 위해 무엇을 할 수 있을지 스스로 물어보십시오.(Ask not what your country can do for you, what you can do for your country.)

2. 인간(人間)은 원하는 만큼 꿈을 펼칠 수 있습니다. 인간이 벗어나지 못할 운명(運命)의 굴레는 없습니다.(Man can be as big as he wants. No problem of human destiny is beyond human beings.)

사리와 사욕은 정의(正義)를 잃고, 분노와 분쟁은 자비심(慈悲心)을 잃고, 원망과 불평은 기쁨을 잃고, 두 말과 변명(辨明)은 자신을 잃으며, 오만과 교만은 의로운 스승을 잃는다.

_『새로운 세기의 시작』 중에서

요점 이해

자신의 욕심만 좇는 자는 정의감이 없고, 남을 탓하며 꾸짖는 자는 동정심이 없으며, 남을 미워하는 자는 즐거움이 없고, 말을 자주 둘러대는 자는 자기 존재감이 없으며, 아는 척하는 교만한 자에게는 진정한 스승이 없다.

어휘·용어 풀이

❶ 사리(私利, personal profit) – 관련된 집단적 상황에서 개인의 사사로운 이익.
  • 私(사사 사·사사로울 사·가족 사·집안 사) • 利[이로울 리(이)·이롭게할 리(이)·날카로울 리(이)]

❷ 사욕(私慾, selfish desire) – 자기 한 개인의 이익만을 탐하려는 욕심.
  • 私(사사 사·사사로울 사·가족 사·집안 사) • 慾[욕심 욕·욕정(慾情) 욕·탐낼 욕]

❸ 정의(正義, justice) – 진리에 맞는 올바른 도리, 시민 사회를 구성하며 유지하기 위한 도리.

• 正(바를 정·정당할 정·바람직할 정·정직할 정) • 義(옳을 의·의로울 의·바를 의·착할 의·순응할 의)

❹ 분노(忿怒, anger) – 어떤 일로 또는 남에게 억울한 일을 당하여 몹시 성을 내는.

• 忿(성낼 분·화낼 분·분할 분·원망할 분) • 怒[성낼 노(로)·화낼 노(로)·꾸짖을 노(로)·힘쓸 노(로)]

❺ 분쟁(分爭, party strife) – 여러 패로 갈라져 다투며 소란을 피우는.

• 分(나눌 분·나누어질 분·구별할 분·헤어질 분) • 爭(다툴 쟁·논쟁할 쟁·간할 쟁·경쟁할 쟁)

❻ 자비심(慈悲心, merciful heart) – 동정심이 많고 크게 사랑하며 가엾게 여기는 마음.

• 慈(사랑 자·자비 자·동정 자) • 悲(슬플 비·마음아파할 비) • 心(마음 심·뜻 심·생각 심)

❼ 원망(怨望, resentment) – 남이 한 일 등에 대하여 마음에 마땅치 않아 탓하거나 불평을 갖고 미워하는.

• 怨(원망할 원·책망할 원·미워할 원) • 望(바랄 망·기다릴 망·원망할 망·희망 망)

❽ 불평(不平, discontent) – 마음에 들지 아니하여 못마땅하게 여기는, 마음이 평안하지 않은.

• 不(아닐 불·아닐 부·못할 불·없을 불) • 平[평평할 평·고를 평·편안할 평·평정(平定, 반란 등을 누르고 평온하게 진정시키는)할 평]

❾ 변명(辨明, vindication) – 어떤 잘못이나 실수에 대하여 구실을 대며 그 까닭을 말하는. 옳고 그름을 가려 사물의 이치를 밝히는.

• 辨(분별할 변·밝힐 변·구분할 변) • 明(밝을 명·밝힐 명·나타날 명)

⑩ 오만(傲慢, haughtiness) - 태도나 행동이 거만한, 잘난 체하며 겸손
함이 없는.

- 傲[거만할 오·교만(驕慢)할 오·멸시(蔑視)할 오] · 慢(거만할 만·오만할 만·게으를 만·업
신여길 만)

성공(成功)한 사람보다는 가치 있는 사람이 되려고 노력하라. 가치(價値) 있는 사람은 성공한 사람에 비해 받는 것보다 주는 것이 더 많다.

_ 아인슈타인

요점 이해

올바른 도리와 지식을 갖춘 사람은 사회적으로 성공한 사람보다 더 가치가 있고 인류에게도 베푸는 것이 더 많다.

어휘·용어 풀이

❶ 성공(成功, success) – 자기의 노력이나 연구를 통하여 뜻하거나 목적한 바가 이루어지는.

• 成(이룰 성·균형 성·북두칠성 성·성인 성) • 功(공 공·공적 공·일 공·사업 공·업적 공·성적 공)

❷ 가치(價値, value·worth) – 생산품을 교환할 때 생산 단가에 의한 돈이나 가격. 사물이 지니고 있는 중요성이나 인간의 욕구나 관심에 합당하는 재화의 정도.

• 價[값 가·가격 가·값어치 가·명성(名聲, 이름이 세상에 널리 알려지고 평이 좋은) 가] • 値(값 치·가격 치·가치가있을 치)

❸ 노력(努力, effort·endeavor) – 무엇을 이루기 위하여 정신적·육체적

힘을 들이는.

- 努(힘쓸 노·부지런히일할 노) · 力(힘 력·힘쓸 력·부지런히일할 력·일꾼 력·군사 력·병사 력)

교양코너 – 인물 소개

아인슈타인(Albert Einstein, 1879~1955)

독일(獨逸)의 이론물리학자(理論物理學者)로 광양자설(光量子說), 브라운 운동(Brown 運動)의 이론, 특수상대성이론(特殊相對性理論)을 연구하였으며 1916년에는 일반상대성이론(一般相對性理論)을 발표하였다. 그리고 미국(美國)의 원자폭탄연구(原子爆彈研究)인 '맨해튼계획'의 시초를 이루었다.

– 남긴 명언(名言)

1. 지혜(智慧)는 학교에서 배우는 것이 아니라 평생 노력(平生努力)해 얻는 것이다.(Wisdom is not a product of schooling, but of the life-long attempt to acquire it.)

2. 가장 중요한 것은 질문을 멈추지 않는 것이다. 호기심(好奇心)은 그 자체만으로도 존재 이유가 있다. 신성한 호기심을 절대 잃지 말라.

   (The important thing is not to stop questioning. Curiosity has its own reason for existing. Never lose a holly curiosity.)

승자(勝者)는 어린 아이에게도 사과(謝過)할 수 있지만, 패자 (敗者)는 노인에게도 고개를 숙이지 못한다.

_ 『탈무드』 중에서

요점 이해

원칙에 따라 경쟁에서 승리한 자는 당당하게 행동하지만 그렇지 않게 패배한 자는 도리에 맞는 행동을 하지 못한다.

어휘·용어 풀이

❶ 승자(勝者, victor·winner) – 운동 경기나 싸움에서 이긴 사람 또는 이긴 단체.

• 勝(이길 승·뛰어날 승·훌륭할 승·나을 승) • 者(놈 자·사람 자·곳 자·장소 자·여러 자· 무리 자)

❷ 사과(謝過, apology) – 상대편에게 자기가 잘못한 허물에 대하여 용서를 비는.

• 謝(사례할 사·갚을 사·보답할 사·사양할 사) • 過(지날 과·경과할 과·허물 과·잘못 과·재앙 과)

❸ 패자(敗者, loser) – 운동 경기나 싸움에서 패한 사람 또는 패한 단체.

• 敗(패할 패·질 패·무너질 패·해칠 패·재앙 패) • 者(놈 자·사람 자·곳 자·장소 자·여러 자· 무리 자)

탈무드(Talmud) – **교훈**(教誨 : 종교 교육의 가르침)·**교의**(教義 : 종교상의 가르침)**의 뜻.** 유대교(Judae教)에서 모세(Moses : 이스라엘 종교적 지도자)의 율법(律法)에 대한 습관율을 율법학자(律法學者)가 집대성(集大成)한 책이며 유대민족의 정신문화(精神文化)의 원천(源泉)이 되는 사회생활이 적혀 있음.

* 律法(율법)은 지시·교훈·법령·계명·법·관습이라는 의미이며 대표적인 예로 열 가지 계율을 나타내는 십계명(十誡命)이 있다.

1. 다른 신(神)을 섬기지 말 것 2. 우상(偶像)을 섬기지 말 것 3. 하나님의 이름을 망령(妄靈)되이 하지 말 것 4. 안식일(安息日)을 지킬 것 5. 어버이를 공경(恭敬)할 것 6. 살인(殺人)하지 말 것 7. 간음(姦淫)하지 말 것 8. 도둑질하지 말 것 9. 거짓말하지 말 것 10. 이웃의 재물을 탐내지 말 것

탈무드의 명언(名言)

1. 강한 사람이란 자기 자신을 억누를 수 있는 사람이다. 또한 적을 벗으로 바꿀 수 있는 사람이다.

2. 뛰어난 말에게도 채찍질은 필요하다. 현인(賢人)에게도 충고는 필요한 법이다.

3. 사람에게는 하나의 입과 두 개의 귀가 있다. 말하기보다 듣기를 두 배로 하라는 뜻이다.

4. 승자(勝者)는 눈을 밟아 나아가면서 길을 만든다. 패자(敗者)는 그저 눈이 녹기를 기다린다.

욕심(慾心)을 버려서 뜻을 한가롭게 하고, 근심을 버려서 마음을 편안하게 하고, 몸을 고단하게 하여 지루함을 없애며 자기가 처한 환경에 만족한다면 천수(天壽)를 다할 수 있다.

_『황제내경(黃帝内經)』 중에서

요점 이해

지나친 욕심과 근심을 버리면 한가하고 편안하게 살고, 몸을 부지런히 움직여 일을 많이 하면 지루함이 없어지며, 모든 환경에 만족하면 백년 천년 오래 산다.

어휘·용어 풀이

❶ 욕심(慾心, selfishness) – 분수에 지나치게 무엇을 하고자 하거나 가지고 싶어서 탐내는 마음.
  • 慾[욕심 욕·탐낼 욕·욕정(慾情) 욕] • 心(마음 심·생각 심·뜻 심·의지 심·가슴 심)

❷ 근심(anxiety) – 마음이 놓이지 않아 속을 태우는 일, 괴롭게 애를 쓰는 마음.

❸ 편안(便安, peace) – 몸과 마음이 편하고 걱정이 없이 좋은.
  • 便(편안할 편·쉴 편·휴식할 편·소식 편) • 安[편안할 안·안존(安存)할 안·즐거움에빠질 안]

❹ 고단하다(be tired) – 육체적·정신적으로 피로하여 몸이 늘어지는.

❺ 환경(環境, environment) – 주변과 서로 접촉하고 있어 영향을 주고

받거나 주위의 자연적·사회적 사정(事情)이나 상태(狀態).

- 環[고리 환·옥(玉)고리 환·두를 환] • 境(지경 경·경계 경·형편 경·사정 경·경우 경)

6 만족(滿足, satisfaction) - 어떤 일이 바라던 대로 이루어져 마음이 흐뭇한, 충분하고 넉넉한.

- 滿(찰 만·가득할 만·풍족할 만·만족할 만) • 足(발 족·뿌리 족·넉넉할 족·만족하게여길 족)

7 천수(天壽, one's natural span of life) - 인간의 타고난 수명, 하늘이 정한 운명(運命).

- 天(하늘 천·하느님 천·임금 천·자연 천·날씨 천) • 壽[목숨 수·수명 수·장수(長壽) 수·오래살 수·별이름 수]

* 天命(천명)은 天數(천수)와 같은 뜻임.

교양코너 – 인물 소개

황제내경(黃帝內經) 또는 내경(內經)

중국 진한(秦漢) 시대에 황제(黃帝) 이름을 빌어서 쓴 의술(醫術)에 관한 의학서[의학오경(醫學五經)의 하나]로 주로 침(鍼)과 뜸(灸)으로 다스리는 물리요법을 중심으로 쓰인 책이다.

- 黃帝(황제) : 중국의 전설상의 제왕(帝王)으로 다섯 황제(皇帝)의 한 사람이며 최근까지 중국의 시조(始祖)로 섬겨 숭배(崇拜)되고 있음.

12

용서는 평안(平安)을 얻고, 인내는 지혜(智慧)를 얻고, 신의
는 이웃을 얻고, 사랑은 기쁨을 얻고, 자비(慈悲)는 천상천
하(天上天下)를 얻으며, 정의(正義)는 만인을 얻는다.

_『새로운 세기의 시작』 중에서

요점 이해

남을 용서하면 마음이 편해지고, 참고 견디면 깨달음을 얻고,
믿음과 의리로 대하면 좋은 이웃을 얻고, 사랑을 나누면 항상
기쁘며, 따뜻한 마음을 베풀면 온 세상을 얻으며, 올바른 도리
로 대하면 모든 사람을 얻는다.

어휘 · 용어 풀이

❶ 용서(容恕, pardon · forgiveness) – 이미 저지른 죄나 잘못에 대하여 꾸
짖거나 벌을 주지 않고 관대하게 처리하는.

• 容(얼굴 용 · 모양 용 · 용모 용 · 용납할 용 · 용서할 용) • 恕(용서할 서 · 어질 서 · 인자할
서 · 동정할 서)

❷ 평안(平安, peace) – 아무 걱정이나 탈되는 일 없이 무사히 잘 있거
나 지내는.

• 平(평평할 평 · 고를 평 · 편안할 편 · 무사할 편) • 安[편안할 안 · 안존(安存)할 안 · 즐거움에
빠질 안]

❸ 인내(忍耐, endurance·perseverance) – 어려움이나 괴로움을 참고 견디는.

- 忍(참을 인·잔인할 인·동정심이없을 인) • 耐(견딜 내·참을 내·구레나룻을깎을형벌 내)

❹ 지혜(智慧, wisdom) – 사물의 이치를 빨리 깨달아 밝히고 옳고 그름과 선악을 정확하게 가려내는 능력.

- 智(슬기 지·지혜 지·재능 지·꾀 지·총명할지) • 慧(슬기로울 혜·총명할 혜·사리에밝을 혜)

❺ 신의(信義, faithfulness) – 믿음과 사람으로서 마땅히 해야 할 옳은 도리(道理).

- 信(믿을 신·맡길 신·신임할 신·성실할 신) • 義(옳을 의·의로울 의·바를 의·착할 의·순응할 의)

❻ 자비(慈悲, compassion) – 동정심이 많고 자애로운, 크게 사랑하고 크게 가엾게 여기는.

- 慈(사랑 자·어머니 자·자비 자·인정 자) • 悲(슬플 비·서러울 비·슬퍼할 비·마음아파할 비)

❼ 천상천하(天上天下, the heavens and the earth·heaven and earth) – 하늘의 위와 아래, 온 세상, 우주.

- 天(하늘 천·하느님 천·임금 천·자연 천) • 上(윗 상·위 상·앞 상) • 下(아래 하·밑 하·귀인 하)

* 知天命(지천명) : 유교(儒敎)에서 나이 50세를 말하며 하늘의 명령을 알게 된다는 나이.

❽ 정의(正義, justice) – 진리에 맞는 올바른 도리, 시민 사회를 구성하며 사회 질서를 유지하기 위한 기본 도리.

• 正(바를 정·정당할 정·올바를 정·정직할 정) • 義(옳을 의·의로울 의·바를 의·착할 의·순응할 의)

❾ 만인(萬人, every man·all people) – 아주 많은 사람, 천하에 있는 모든 사람.

• 萬(일만 만·매우 만·매우많은 만·대단히 만) • 人(사람 인·인간 인·다른사람 인·어른 인)

13

> 인(仁)은 춘하추동의 순환으로 얻어지는 재부(財富)를 함께 나누는 것이며, 덕(德)은 사람을 재난과 우환과 죽음에서 구하는 것이며, 의(義)는 동우동락하고 동호동오하는 것이다.
>
> _『육도(六韜)』 중에서

요점 이해

어진 사람은 따뜻한 마음으로 재물까지 나누어 가지며, 포용성 있는 사람은 어려움과 죽음에 처해 있는 사람도 구하며, 올바른 도리를 지키는 사람은 모두 좋아하고 함께 즐기며 살아간다.

어휘·용어 풀이

❶ 인(仁, perfect virtue) – 공자(孔子)가 주창한 유교(儒教)의 도덕·정치 이념이며 사랑과 박애를 뜻함.

  • 仁(어질 인·자애로울 인·인자할 인·사랑할 인·불쌍히여길 인·민감할 인·현명한사람 인)

❷ 춘하추동(春夏秋冬, the four seasons) – 봄·여름·가을·겨울의 1년 사시사철.

  • 春(봄 춘·동녘 춘·정욕 춘) • 夏(여름 하·중국 하·나라 하) • 秋(가을 추·때 추·세월 추)

  • 冬(겨울 동·동면할 동)

❸ 순환(循環, circulation) – 혈액이나 자연 등이 끊임없이 되풀이하여

주기적으로 돌아가는.

- 循(돌 순·빙빙돌 순·돌아다닐 순·좇을 순·머뭇거릴 순) • 環(고리 환·둥근옥 환·둘레
  환·돌 환)

④ 재부(財富, riches, richesses) – 돈이나 값비싼 물건이 많은, 가치 있고
소중한 물건을 많이 갖고 있는 사람.

- 財[재물 재·재산 재·보물 재·녹봉(祿俸) 재] • 富[부유할(재산이 넉넉하고 많은) 부·성
  할 부]

⑤ 덕(德, virtue) – 공정하고 포용성이 있는 마음이나 품성. 도덕적
이상 또는 법칙에 좇아 확실히 의지를 결정할 수 있는 인격적
능력.

- 德(큰 덕·베풀 덕·선행 덕·정의 덕)

⑥ 재난(災難, calamity) – 뜻밖의 화재·홍수·지진·사고 등으로 받는
고통과 어려움.

- 災(재앙 재·화재 재·죄악 재·응징할 재) • 難(어려울 난·꺼릴 난·싫어할 난·괴롭힐 난)

⑦ 우환(憂患, anxiety) – 집안에 복잡하고 불행한 사건이나 환자가 생
김으로 인한 근심이나 걱정.

- 憂(근심 우·걱정 우·질병 우·고통 우·괴로울 우) • 患(근심 환·걱정 환·질병 환·재앙
  환·염려할 환)

⑧ 의(義, justice·righteousness) – 사람으로서 지켜야 할 떳떳하고 정당
한 도리, 임금과 신하 사이의 바른 도리.

- 義(옳을 의·의로울 의·바를 의·선량할 의·착할 의·순응할 의·맺을 의)

⑨ 동우동락(同友同樂, sharing one's joy and friendship) – 서로 뜻이 같은 벗

과 함께 즐기는.

⑩ 동호동오(同好同娛, liking and amusing together) – 서로 좋아하며 즐겁게 노는.

⑪ 육도(六韜) – 중국 주(周)나라 태공망(太公望, 속칭 강태공)이 지은 병법서(兵法書). 문도(文韜)·무도(武韜)·용도(龍韜)·호도(虎韜)·표도(豹韜)·견도(犬韜).

• 韜[감출 도·도략(韜略, 육도(六韜)와 삼략(三略)) 도·비결(祕訣, 군사를 지휘하여 전쟁하는 병법(兵法)에 관한 뛰어난 방책) 도]

• 兵法書(병법서) : 군사를 지휘하는 법칙과 전쟁하는 방법에 관한 책.

14

인자(仁者)는 친밀감을 느끼게 하고, 의자(義者)는 기쁨을 주고, 지자(知者)는 의지하도록 만들고, 용자(勇者)는 마음을 격려해주고, 신자(信者)는 믿음을 준다.

_『무경십서(武經十書)』 중에서

요점 이해

인정이 많은 사람은 친밀감을 느끼게 하고, 의리를 지키는 사람은 기쁨을 누리게 하며, 지적으로 현명한 사람은 자신을 의지하도록 만들고, 용기 있는 사람은 남에게 의욕을 북돋아 주며, 신뢰가 두터운 사람은 언제나 자신을 믿게 한다.

어휘·용어 풀이

❶ 인자(仁者, benevolent person) - 마음이 너그럽고 인정이 두터우며 슬기롭고 착한 사람.

• 仁(어질 인·자애로울 인·인자할 인·사랑할 인) • 者(놈 자·사람 자·곳 자·장소 자·무리 자)

❷ 친밀감(親密感, intimacy) - 서로 지내는 사이가 몹시 친하고 가까운 친밀한 느낌.

• 親(친할 친·가까울 친·사랑할 친) • 密(빽빽할 밀·가까울 밀·친할 밀) • 感(느낄 감·감동할 감)

❸ 의자(義者, righteous person) - 의로운 뜻이 있거나 의(義)를 굳게 지키
는 사람.

• 義(옳을 의·의로울 의·바를 의·착할 의·맺을 의) • 者(놈 자·사람 자·곳 자·장소 자·무
리 자)

❹ 지자(知者, intelligent person) - 지식이 많고 사물의 이치에 밝은 사
람, 현명한 사람.

• 知(알 지·알릴 지·나타낼 지·드러낼 지·주관할 지) • 者(놈 자·사람 자·곳 자·장소
자·무리 자)

❺ 의지(依支, depend on) - 딴 것에 몸을 기대거나 마음을 붙이어 도움
을 받는.

• 依(의지할 의·기댈 의·좇을 의·따를 의·순종할 의) • 支(지탱할 지·버틸 지·가를 지·
갈릴 지)

❻ 용자(勇者, intrepid person) - 용감스러운 기운이 있고 그렇게 행동하
는 사람.

• 勇(날랠 용·용감할 용·과감할 용·강할 용·다툴 용) • 者(놈 자·사람 자·곳 자·장소
자·무리 자)

❼ 격려(激勵, encouragement) - 상대방을 용기나 의욕을 자아내도록 힘
차게 북돋아주는.

• 激(격할 격·심할 격·격렬할 격·분발(奮發)할 격) • 勵[힘쓸 려(여)·권장할 려(여)·권면(勸
勉, 권하고 격려하며 힘쓰게 하는)할 려(여)]

❽ 신자(信者, reliable person) - 인간관계에서 믿고 의지하는 마음이 두
터운 사람.

• 信(믿을 신·신임할 신·맡길 신·신봉할 신·성실할 신) • 者(놈 자·사람 자·곳 자·장소 자·무리 자)

교양코너 – 역사 상식

무경십서(武經十書 : Ten Military Classics)

전쟁에서 군사(軍士)를 지휘하는 전술·전략인 중국 10대 병법서(兵法書)를 해설한 책. • 武(병사 무) • 經(다스릴 경) • 十(열십) • 書(글서, 책서)

1. 손자병법(孫子兵法) 2. 오자병법(吳子兵法) 3. 사마법(司馬法) 4. 울료자병법(尉繚子兵法) 5. 이위공문대(李衛公問對) 6. 육도(六韜) 7. 삼략(三略) 8. 손빈병법(孫臏兵法) 9. 장원(將苑) 10. 삼십육계(三十六計)

15

자기가 할 일이 아닌데 덤비는 것을 주착(做錯)이라고 하고, 상대방이 청하지 않았는데 의견을 말하는 것을 망령(妄靈)이라고 한다.

_ 장자(莊子)

요점 이해

아무 일이나 간섭하고 말하는 것은 예의에 벗어난 주관 없는 사람의 짓이며, 묻지도 않았는데 잘 아는 것처럼 덤비듯 말하는 것은 정신이 빠진 사람의 짓이다.

어휘·용어 풀이

❶ 주착(做錯, committing fault) - 조심하지 않거나 잘못인 것을 알면서 저지른 실수나 허물.

• 做[지을 주·만들 주·직무를맡을 주·가령(假令, 예를 들어, 설령) 주] • 錯(어긋날 착·섞을 착·잘못할 착·처리할 조·둘 조·놓을 조)

❷ 망령(妄靈, senility·dotage) - 늙거나 정신이 흐려서 말과 행동이 정상을 벗어난 상태.

• 妄(망령될 망·어그러질 망·헛될 망·잊어버릴 망) • 靈(신령 령·혼령 령·귀신 령·정신 령)

교양코너 – 인물 소개

장자(莊子)

중국 전국시대(戰國時代) 말기 송(宋)나라 사상가(思想家)로 우주생성론 및 음양오행설(陰陽五行說)을 받아들여 물(物)의 생사(生死)와 기(氣)의 집산으로 설명한 자연론을 전개하였으며 노자(老子)의 무위자연(無爲自然)의 사상을 계승하였음.

교양코너 – 역사 상식

한글은 1443년 조선조 세종 25년에 28자로 창제(創制)되어 훈민정음(訓民正音)이라고 불렸으며 언문(諺文) → 정음(正音) → 반절(反切) → 국문(國文)을 거쳐 한글로 불리게 되었다.

＊ 자음(子音) : 17자, 모음(母音) : 11자

한글은 기존 언어인 한자(漢字) 사용의 우세에 밀려 무려 451년간 사용하지 못했다가 1894년 개혁운동의 일환인 갑오개혁(甲午改革) 때부터 공식문자(24자)로 인정되면서 실생활에 사용하기 시작했고 과학적이고 체계적인 문자로 평가되어 유네스코 세계기록유산으로 선정되며 위상을 드높였다.

한글의 기념일은 훈민정음이 반포(頒布)되던 날을 기념하기 위하여 처음에는 '가냐날'이라고 임시로 불렸다가 조선어학회(지금의 한글학회)가 1446년(세종 28년) 10월 9일을 '한글날'이라고 개정하였다.

＊ 용비어천가(龍飛御天歌)는 한글로 조선 개국의 정당성을 알리기 위해 쓰인 첫 번째 문학작품이다. 뜻은 임금을 상징하는 용(龍)이 날아올라 하늘을 다스린

다는 노래임.

- 龍(용 용, 임금 용) • 飛(날 비, 높을 비) • 御(다스릴 어, 거느릴 어) • 天(하늘 천, 하느님 천)

- 歌(노래 가, 가곡 가)

16

자기의 지나간 실패(失敗)에 대해서 스스로를 괴롭히지 말라.
한 가지 실패를 자꾸 괴로워하는 것은 그 다음의 일도 실패
로 이끄는 원인이 된다.

_ 버트런드 러셀

요점 이해

지나간 실패는 영원히 다시 돌이킬 수 없다. 그러므로 그것으
로 자신을 계속 괴롭히면 다음 일까지 실패하게 된다.

어휘 · 용어 풀이

❶ 실패(失敗, failure) – 어떤 일을 잘못하여 망(亡)하는, 일의 목적을 이
루지 못하고 달리 헛일이 되는.

• 失(잃을 실 · 잃어버릴 실 · 달아날 실 · 잘못틀어질 실) • 敗(패할 패 · 질 패 · 무너질 패 · 썩을
패 · 해칠 패)

교양코너 – 인물 소개

러셀(Russell, Bertrand Arthur William, 1872~1970)

영국(英國) 철학자 · 수학자 · 사회평론가이며 1950년에 노벨문학상을 수
상하였으며 수리철학(數理哲學)과 기호논리학(記號論理學)으로 분석철학의
기초를 쌓았다.

평화주의자로 세계 제1차 대전과 나치스에 반대하였으며 원자폭탄 금지운동·베트남 전쟁 반대운동에 앞장섰다.

저서로는『정신의 분석』·『의미와 진리의 탐구』·『수학의 원리』·『철학의 제 문제』를 남겼다.

교양코너 - 역사 상식

팔만대장경(八萬大藏經), 일명 고려대장경(高麗大藏經)

팔만(八萬)은 사각 나무판에 글자를 새긴 숫자를 뜻하고, 대(大)는 전체 규모가 거대하다는 뜻이며, 장경(藏經)은 석가(釋迦)가 설교한 불교(佛敎)의 법문(法文)과 지켜야할 계율(戒律)이 내포되어 있는 성스러운 책을 뜻한다.

만든 목적은 외부의 침입을 받을 때 승려(僧侶)나 보살(菩薩)·제자(弟子)들이 적에 대항하여 이길 수 있는 부처의 강대한 힘을 키우기 위한 것이다. 1차 대장경은 글안(契丹)의 침입을 받아 곤경에 처해 있을 때 물리치기 위하여 간행하였고, 2차 대장경은 몽고(蒙古)의 침입을 받아 곤경에 처해 있을 때 막아내기 위하여 간행하였다.

글자를 새긴 판목(板木)의 크기는 가로 69cm·세로 24cm·두께 2.6~3.9cm, 무게는 3~4kg이고 현재는 총 81,250장이 경상남도 합천에 있는 해인사(海印寺)에 보관되어 있으며 국보(國寶) 제32호로 2007년 유네스코 지정 세계기록유산에 지정되었다.

17

> 자신이 우주(宇宙) 가운데 가장 소중(所重)하고 특별한 존재
> (存在)라는 사실을 안다는 것은 그 자체로 거룩하고 숭고(崇高)한 기쁨이다.
>
> _ 루이스 하트

요점 이해

이 세상에서 내가 가장 훌륭하고 가치 있는 존재라고 스스로 인정하면 저절로 위대해지고 기쁨도 누리게 된다.

어휘·용어 풀이

❶ 우주(宇宙, the universe·the cosmos) – 모든 천체와 물질과 그 변화를 포함하고 있는 공간.

  • 宇(집 우·지붕 우·처마 우·하늘 우·천하 우) • 宙(집 주·주거 주·때 주·하늘 주·천지 사이 주)

❷ 소중(所重, importance) – 사물이나 인물이나 가치 등 매우 귀중한.

  • 所[바(일의 방법이나 방도) 소·것 소·곳 소·처소 소] • 重(무거울 중·소중할 중·귀중할 중·거듭할 중)

❸ 존재(存在, existence) – 사물이 현실로 있거나 자연·물질·집단·현상 등을 의식하고 실제 있는.

  • 存(있을 존·존재할 존·살아있을 존·안부물을 존) • 在(있을 재·존재할 재·찾을 재·곳 재·

안부물을 재)

❹ 숭고(崇高, sublimity) — 뜻이 드높고 엄숙하며 놀라움과 위대한 느낌을 주는.

• 崇(높을 숭·높일 숭·높게할 숭·존중할 숭·모일 숭) • 高(높을 고·뛰어날 고·클 고·고상할 고·존경할 고)

교양코너 – 인물 소개

윤봉길(尹奉吉, 1908~1932)

충남 예산군 출생으로 1926년 18세 때 중국 상해(上海)로 건너가 세탁소 사원으로 일하다가 1931년 김구(金九) 선생의 한인애국단에 들어갔다.

1932년 일본(日本)의 천황(天皇) 탄생일을 기해 승리 축하회를 상해공원에서 여는 것을 알고 폭탄을 몸에 품고 삼엄한 경비를 뚫고 들어가 폭탄을 던지며 대한민국만세를 부르다가 체포되었다.

이때 행사에 참석한 일본 거류민단장 가와바다(河端)와 최고사령관 시라까와(白川義明) 대장(大將)을 죽이고 여러 간부들에게 중상을 입혔다.

체포된 윤봉길은 일본 오사카(大阪)로 이송되어 군법회의에서 사형판결을 받고 그 해 12월 24세 나이로 일제(日帝)에 의해 사형당했다.

윤봉길은 대한민국의 독립운동가이며 의사(義士)라는 칭호로 영원히 우리 역사에 남아 있다.

18

전략적(戰略的)으로 사고(思考)하려면 먼저 핵심 목표와 전략을 이해해야 하고 어려운 문제와 충돌할 때는 추진력(推進力)을 앞세워 돌파구를 찾아야 한다.

_ 하버드 비즈니스 리뷰 『전략적 사고의 기술』 중에서

요점 이해

전쟁에서 승리를 위한 전략은 먼저 핵심 목표를 확실하게 세우고 그에 따른 준비를 철저히 하는 것이다. 그래도 뜻밖의 문제가 발생하면 밀고 나갈 수 있는 돌파구를 찾아야 한다.

어휘·용어 풀이

❶ 전략적(戰略的, strategic) – 전쟁의 목적을 달성하기 위한 전술적인 계책이나 성공적인 사회 활동을 위한 종합적인 방책에 관한.
   • 戰(싸울 전·전쟁 전·경쟁할 전) • 略(간략할 략·꾀 략) • 的(과녁 적·목표 적)

❷ 사고(思考, thinking) –어떤 사물이나 문제 등에 대하여 생각하고 궁리하는, 두뇌의 작용으로 판단하고 추리(推理)하는.
   • 思(생각 사·심정 사·정서 사·뜻 사·마음 사) • 考(생각할 고·깊이헤아릴 고·살펴볼 고·오래살 고)

❸ 핵심(核心, core) – 알맹이, 어떤 조직체나 사물·기능 등에서 가장 중심이 되는 요긴한 부분.

- 核(씨 핵·과일 핵·사물의중추 핵·원자핵 핵·굳을 핵) • 心(마음 심·뜻 심·의지 심·생각 심·가슴 심)

④ 목표(目標, goal) – 일정한 목적을 정하고 그대로 나아가는 표나 대상.

- 目[눈 목·견해 목·안목(眼目, 사물을 보고 분별하는 견문과 학식. 앞을 내다보는 능력) 목]
- 標(표할 표·기록할 표)

⑤ 추진력(推進力, propulsive force) – 어떤 일이 이루어지거나 기계가 움직이도록 하는 힘.

- 推(밀 추·변천할 추·추천할 추) • 進(나아갈 진·오를 진·힘쓸 진) • 力(힘 력·일꾼 력·병사 력)

교양코너 – 역사 상식

파독광부(派獨鑛夫)

- 개요 : 파독광부는 취업을 위하여 독일(獨逸)로 간 우리나라 젊은 광산(鑛山) 근로자를 뜻하며 1963년~1977년까지 14년간 실업문제(失業問題) 해소와 외화획득(外貨獲得)을 위하여 우리나라 정부에서 서독(西獨)에 8,395명을 파견하였다.

- 시대적 배경 : 1960년대에 막대한 실업(失業)과 외화(外貨) 부족 현상으로 인하여 우리나라의 경제상황이 열악(劣惡)해졌고 이를 해결하기 위하여 한국과 독일 간의 협약(協約)으로 노동력이 부족한 독일로 우리의 근로자를 파견하게 되었다. 당시 월수입 600마르크(160달러)에 3년간 계약을 맺고 갔으며 광부 500명 모집에 46,000여명이 지원할 정도로 실업난

이 심각한 상태였으며 지원자들의 대부분은 노동 경험이 없는 초심자
(初心者)였다.

- 근무환경 : 온도와 습도가 높은 지하(地下) 1,000m의 갱도에서 석탄을
캐는 중노동이었으며 크고 작은 부상과 후유증(後遺症)에 시달렸다.

- 결과 : 한국의 경제성장과 탄광 산업발전에 기여했고 광부 중 60%가
독일에 정착하였다.

19

정직(正直)과 성실(誠實)을 벗으로 삼아라! 아무리 친한 벗이라도 너의 정직과 성실만큼 너를 돕지 못할 것이다.

_ 벤저민 프랭클린

요점 이해

벗 중에서 가장 귀한 벗은 바로 '정직과 성실'이다. 왜냐하면 정직과 성실은 언제나 거짓이 없고 진실하기 때문이다.

어휘·용어 풀이

❶ 정직(正直, honesty) - 마음에 거짓이 없고 바르고 곧음, 성품(性品)이 바르고 곧음.

- 正(바를 정·정당할 정·올바를 정·정직할 정·정월 정) • 直(곧을 직·굳셀 직·바를 직·굽지 아니할 직)

❷ 성실(誠實, sincerity·faithfulness) - 정성스럽고 참되어 실속이 있는.

- 誠(정성 성·진실 성·삼갈 성·참으로 성) • 實(열매 실·씨 실·종자 실·재물 실·바탕 실)

교양코너 - 인물 소개

벤저민 프랭클린(Benjamin Franklin)

1706년 미국에서 태어났으며 정치가·외교관·과학자·저술가·신문사

경영자·교육문화 활동가이며 자연 과학 분야에서 전기유기체설을 제창하였다.

교양코너 – 역사 상식

임진왜란(壬辰倭亂)

- 개요 : 임진은 1592년 임진년(壬辰年)을, 왜란은 倭(일본 왜)·亂(난리 란)으로 일본이 일으킨 난리를 뜻한다. 왜란은 1950년 6·25전쟁과 함께 우리나라 역사상 가장 잔인(殘忍)하고 참혹(慘酷)한 전쟁이며 일본(日本)이 1592년부터 1598년까지 7년에 걸쳐 두 번(1차는 임진왜란, 2차는 정유재란)이나 우리나라를 침입(侵入)하며 일으킨 난(亂)이다.

- 내용요약 : 일본의 장수(將帥) 도요토미 히데요시(豊臣秀吉)가 조일(朝日) 교섭의 실패와 정치적 혼란기를 틈타 15만 대군을 이끌고 부산·울산·김해의 삼로(三路)로 육상을 통해 침입하였으며 해상으로 수병(水兵)이 수백 척의 배를 이끌고 남해 바다로 침입하였다. 이때 육상에서는 연패하여 서울이 함락되었고 해상에서는 이순신(李舜臣) 장군(將軍)이 적을 대파(大破)하였다. 이 전쟁으로 인하여 우리나라는 막대한 인명피해(人命被害)와 경복궁(景福宮)을 비롯한 전국의 궁궐·사찰(寺刹)·문화재·건축물·서적·미술품들이 파괴(破壞) 소실(消失)되고 약탈(掠奪)되었으며 국민의 생활은 처참(悽慘)했다. 이때 의병(義兵)과 승병(僧兵)들이 일어나 대항하고 당시 조선에서 활약하던 중국 명(明)나라 사신(使臣)인 심유경의 일본과의 평화협상, 일본 도요토미 히데요시의 병사(病死)로 인해 일본이 후퇴(後退)하면서 전쟁은 끝났다.

20

정해진 법(法)을 지키고 자연의 도(道)를 따른다. 화(禍)와 복(福)은 도와 법에서 생기는 것이지 군주(君主)의 사랑과 미움에서 나오는 것이 아니다.

_ 『한비자』 중에서

요점 이해

인간의 재앙과 행복은 통치자인 군주에게 달려 있는 것이 아니고 사람들이 따르고 지키는 사회 규범과 자연 법칙에 의해서 생기는 것이다.

어휘·용어 풀이

❶ 법(法, law) - 국가에서 사회생활을 유지하기 위하여 제정하여 채택된 지배적인 국가 규범.

• 法[법 법·방법 법·불교의진리 법·본받을 법·모형(模型·模形) 법]

❷ 도(道, truth·morality·doctrines) - 인간이 마땅히 지켜야 할 도리(道理). 종교적으로 깊이 통하여 알게 되는 이치 또는 그런 경지.

• 道(길 도·갈 도·가르칠 도·깨달을 도)

❸ 화(禍, evil·misfortune) - 홍수·지진·화재·사고 등의 재앙과 모질고 사나운 운수. 몸과 마음이나 어떤 일에 뜻밖에 당하는 불행이나 손실.

• 禍(재앙 화·재화 화·사고 화·죄 화)

❹ 복(福, good fortune) - 아주 좋은 운수, 삶에서 누리는 운 좋은 현상과 기쁨과 즐거움. 큰 행운과 오붓한 행복.

• 福[복 복·행복 복·제육(祭肉)과 술 복·폭(幅) 복·상서로울 복]

❺ 군주(君主, monarch·ruler) - 임금, 세습적으로 나라를 다스리는 최고 지위에 있는 통치자.

• 君[임금 군·영주(領主) 군·남편 군·부모 군·군자 군] • 主(임금 주·주인 주·소유주 주·우두머리 주)

교양코너 – 인물 소개

한비자(韓非子)

중국 한(韓)나라 경세가(經世家)로 유자(儒者)의 무기력한 교육을 배척하고 순자의 성악설(性惡說)과 노장의 무위자연설(無爲自然說)을 받아들여 법치주의를 주장한 법가의 학설을 이룬 사람.

• 경세가(經世家) : 세상을 다스려 나가는 사람.

교양코너 – 역사 상식

병자호란(丙子胡亂) I

병자는 1636년 병자년(丙子年)을 뜻하고 호란은 중국 청(淸)나라를 뜻하는 胡(오랑캐 호)·亂(난리 란)으로 청나라가 일으킨 난리, 즉 전쟁을 뜻한다.

병자호란은 조선조(朝鮮朝) 15대 인조(仁祖) 때 중국 청태종(靑太宗)의 침입으로 벌어진 전쟁이며 그 원인은 청나라가 형제관계를 고쳐 군신(君臣)

의 관계를 맺고 군량(軍糧)과 병선(兵船) 등을 요구하는 것을 조선이 반대한 것이었다. 이에 10만 대군을 이끌고 침략하여 불과 45여일 만에 조선이 항복하고 요구에 응함으로 전쟁은 끝났다.

당시 우리의 군세(軍勢)는 1만 2천여 명이었고 비축된 식량도 1만 4천 석(石 : 가마니)뿐이어서 불과 50여 일 밖에 견딜 수 없었으므로 항복했으며 근세 역사상 치욕을 맞이했다.

* 병자호란(丙子胡亂) Ⅱ → Ⅰ - 22 참고

21

준비하는 사람에게는 어떤 위기(危機)도 기회(機會)가 된다.
후회(後悔)하기 전에 한 번 더 생각하고 행동하면 결코 후
회하지 않는다.

_ 이순신 장군

요점 이해

철저하게 준비하는 자에게는 기회만 있을 뿐 결코 위태로운
상황을 만날 경우가 거의 없다. 하물며 한 번 더 생각하고 준비
하면 후회할 일도 결코 없을 것이다.

어휘·용어 풀이

❶ 준비(準備, preparation) – 닥쳐올 일을 대비하여 필요한 것을 미리
마련하거나 갖추는.

• 準(준할 준·의거할 준·본받을 준·평평할 준) • 備(갖출 비·준비할 비·채울 비·예방할 비)

❷ 위기(危機, crisis) – 위태하고 험악한 고비나 위급한 시기.

• 危(위태로울 위·불안할 위·두려워할 위) • 機(틀 기·기계 기·기틀 기·기회 기·시기 기)

❸ 기회(機會, opportunity) – 어떤 일이나 행동을 하기에 가장 좋거나
알맞은 시기나 경우.

• 機(틀 기·기계 기·기틀 기·기회 기·시기 기) • 會(모일 회·모을 회·만날 회·능숙할 회·기
회 회)

❹ 후회(後悔, repentance) - 지난 일의 잘못을 깨치고 뉘우치는.

  • 後(뒤 후·겯 후·딸림 후·뒤떨어질 후·임금 후) • 悔(뉘우칠 회·스스로꾸짖을 회·잘못 회·
  얕볼 회)

❺ 행동(行動, action·behaviour) - 동작을 하여 행하는 일, 자극에 대한
  본능적인 동작이나 반응.

  • 行(다닐 행·갈 행·행할 행·관찰할 행·유행할 행) • 動(움직일 동·옮길 동·동요할 동·떨릴
  동·변할 동)

교양코너 – 인물 소개

이순신(李舜臣) 장군

이순신 장군은 47세가 되던 1592년에 전라좌도수군절도사(全羅左道水軍節度
使)가 됐을 때 일본(日本)의 침략을 예측하고 미리 군사를 훈련시키고 장비
를 갖추었으며 거북선(거북 모양의 철갑선)을 만들었다.

이순신 장군의 전투는 제1차 옥포·적진포에서, 제2차는 사천·당포·율
포에서, 제3차는 한산도·안골포에서, 제4차는 부산포에서 일어났다.

이순신 장군은 그때마다 위대한 지도력과 탁월한 전술로 일본군을 모조
리 격파하여 대승리를 거두었으며 완전히 제해권(制海權)을 장악하였다.

22

지식(知識)은 올바르게 사용되어 실생활에 도움이 되어야만 지혜(智慧)가 될 수 있고, 그 진정한 지혜는 실천(實踐)을 통해서만이 증명된다.

_ 『미친 세상 현명하게 살아가기』 중에서

요점 이해

배워서 알고 있는 지식이 아무리 많아도 삶의 가치에 도움이 되지 않으면 진정한 지혜가 될 수 없고, 실천으로 인정을 받지 못하면 올바른 지혜가 아니다.

어휘·용어 풀이

❶ 지식(知識, knowledge) - 어떤 대상을 연구하거나 배우거나 실천을 통해서 얻은 명확한 인식이나 지혜.
  • 知(알 지·알릴 지·나타낼 지·주관할 지) • 識(알 식·지식 식·식견 식·적을 지·깃발 치)

❷ 지혜(智慧, wisdom) - 사물의 이치를 깨달아 밝히고 시비(是非)와 선악(善惡)을 가려내는 능력, 사물을 처리하는 재능.
  • 智(지혜 지·슬기 지·재능 지·모략 지·총명할 지) • 慧(슬기로울 혜·총명할 혜·교활할 혜)

❸ 진정(眞正, genuineness) - 참되고 바른, 거짓이 없는, 마음이 순수한.
  • 眞(참 진·진리 진·진실 진·본성 진·본질 진·정말로 진) • 正(바를 정·정당할 정·바람직할 정·정직할 정)

❹ 실천(實踐, practice) - 어떤 일을 실지로 수행하는, 무엇을 개조하는 인간의 활동.

• 實(열매 실·씨 실·종자 실·재물 실·내용 실·바탕 실) • 踐(밟을 천·짓밟을 천·이행할 천·실행할 천)

❺ 증명(證明, proof·justification) - 증거를 들어 어떤 사실이나 결론이 진실이거나 진리임을 밝히는.

• 證(증거 증·증명서 증·병세 증·법칙 증·밝힐 증) • 明(밝을 명·밝힐 명·날샐 명·나타날 명·깨끗할 명)

❻ 현명(賢明, wisdom·sagacity) - 슬기롭고 너그러우며 사물의 이치에 밝은, 판별 능력이 뛰어난.

• 賢(어질 현·현명할 현·좋을 현·존경할 현·착할 현) • 明(밝을 명·밝힐 명·날샐 명·나타날 명·깨끗할 명)

교양코너 - 역사 상식

병자호란(丙子胡亂) Ⅱ

우리나라는 1637년 청(淸)나라에 항복한 후 청나라와 화목하게 지내자는 약속을 체결했다. 체결내용은 조선은 왕(王)의 장자(長子)와 대신의 자녀를 인질(人質)로 보내고 매년 황금 100냥·백은 1,000냥을 비롯한 20여 종의 물품을 공물(貢物)로 바치고 다른 나라와 전쟁을 할 때는 전투에 사용할 배 50척을 보내주는 조건 등 11개 항목이었다. 그 후 우리나라는 명(明)나라와 관계를 끊고 청(淸)나라에 복속(服屬)하게 되어 굴욕을 당했으며 그때야 비로소 성지(城地)를 개수하고 군비를 갖추어 북벌계획(北伐計劃)을 비밀리에 진행하기 시작하였다. ＊병자호란(丙子胡亂) Ⅰ→ Ⅰ- 20 참고 천재(天才)는 이 세상에서 단 하나밖에 없는 최선(最善)의 방법(方法)을 찾아낼 때까지 생각하고 또 생각한다.

_ 톨스토이

요점 이해

천재는 하늘에서 내려 주신 뛰어난 재능을 가진 사람이 아니고, 이 세상에서 단 하나밖에 없는 문제 해결 방법을 스스로 생각하고 찾아내는 사람이다.

어휘·용어 풀이

❶ 천재(天才, genius) – 선천적으로 타고난 재능, 남보다 훨씬 뛰어난 재주 또는 그러한 재능을 가진 사람.
　• 天(하늘 천·하느님 천·임금 천·자연 천·운명 천) • 才(재주 재·재능있는사람 재·근본 재·바탕 재)

❷ 최선(最善, the best) – 가장 좋고 훌륭한, 어떤 일에 온 정성과 힘을 기울이는.
　• 最(가장 최·제일 최·으뜸 최·우두머리 최·모두 최) • 善(착할 선·좋을 선·훌륭할 선·잘할 선·친할 선)

❸ 방법(方法, method·way) – 어떤 목적을 이루기 위하여 취하는 방식

이나 수단 또는 연구하는 수법.

• 方(모 방·네모 방·방향 방·방법 방·도리 방) • 法(법 법·방법 법·불교의진리 법·모형
법·본받을 법)

교양코너 – 인물 소개

톨스토이(Lev Tolstoy, 1828~1910)

19세기 러시아를 대표하는 작가(作家) 겸 사상가(思想家)로 그의 문학작품은
걸작이며 주요 작품으로는 『전쟁과 평화』·『안나 카레리나』·『부활』 등
이 있다. 그의 작품 내용은 종교와 인생관·육체와 정신·죽음의 문제 등
을 작품 속에서 논하면서 나름대로 그 해답을 독자들이 발견할 수 있게
했다. 『전쟁과 평화(戰爭과 平和, Vonia I mir/war and peace)』는 톨스토이의 최대 장
편소설로 1812년에 일어난 전쟁을 배경으로 역사와 삶·영웅과 민중·힘
과 숭고를 거쳐 사랑을 통해 성장하는 젊은이들의 놀라운 이야기를 나
타낸 것이다.

교양코너 – 역사상식

2002 한일 월드컵(Korea-Japan World Cup)

• 주관처 : 국제축구연맹(FIFA) (세계 32개국 참가)

• 기본이념 및 경기기간 : 새 천년·새 만남·새 출발. 2002. 5.31.~6.30

• 의의와 평가 : 한국을 세계에 널리 알리고 그 위상을 제고, 4강 신화
(神話)와 붉은 악마의 길거리 응원으로 전 세계의 이목을 집중시켰음.

• 경기 결과 : 1위 브라질, 2위 독일, 3위 터키, 4위 대한민국.

24

친절한 말은 비용이 들지 않지만 생각보다 많은 것을 성취(成就)하며 다른 사람을 감화(感化)하여 사람의 영혼(靈魂) 속에 아름다운 이미지를 만든다.

_ 파스칼

요점 이해

성의 있는 태도와 예절 바른 친절은 상대방의 마음을 긍정적으로 움직여 목적한 바를 얻을 뿐만 아니라 영혼까지 맑게 한다.

어휘 · 용어 풀이

❶ 친절(親切, kindness) – 남을 대하는 태도가 성의가 있고 정답고 고분고분하는.

• 親(친할 친 · 가까울 친 · 사랑할 친 · 어버이 친) • 切(끊을 절 · 벨 절 · 정성스러울 절 · 적절할 절 · 간절할 절)

❷ 비용(費用, expense) – 살림이나 어떤 일을 하는 데에 쓰이는 돈, 생산을 목적으로 소비되는 경비나 예산.

• 費(쓸 비 · 소비할 비 · 소모할 비 · 손상할 비 · 해칠 비) • 用(쓸 용 · 부릴 용 · 사역할 용 · 베풀 용 · 시행할 용 · 일할 용)

❸ 성취(成就, accomplishment) – 목적대로 또는 계획대로 뜻대로 일을

이루는.

- 成(이룰 성·균형 성·어른이될 성·완성할 성) • 就(나아갈 취·이룰 취·좇을 취·따를 취·끝낼 취)

❹ 감화(感化, influence) – 정신적으로 좋은 영향을 받아 마음이 긍정적이고 착하게 변화하는.

- 感(느낄 감·감응할 감·느낌통할 감·감동할 감) • 化(될 화·화할 화·교화할 화·감화시킬 화)

❺ 영혼(靈魂, the spirit·the soul) – 죽은 사람의 넋, 사람의 모든 정신적 활동의 근원이 되는 실체, 영원히 사라지지 않는 불멸의 정신.

- 靈(신령 영·혼령 영·혼백 영·영혼 영·귀신 영) • 魂(넋 혼·정신 혼·마음 혼·사물의모양 혼)

❻ 이미지(image) – 사람이나 사물로부터 받은 느낌이나 인상, 사물과 현상을 시각적으로 매체에 옮기는. 감각(感覺)에 의하여 획득한 현상이 마음속에서 재생되는.

교양코너 – 인물 소개

파스칼(Blaise Pascal, 1623~1662)

프랑스 사상가(思想家)·수학자(數學者)·물리학자(物理學者)이며 현대 실존주의자의 선구자(先驅者)로 예수회(Jesus會)의 방법에 의한 이단심문(異端審問)을 비판하였다.

연구이론(研究理論)으로는 『원뿔곡선론』·『확률론』을 발표하고 『파스칼의 원리(Pascal's principle)』를 발표하였다.

- 실존주의(實存主義) : 합리주의적 관념론을 반대하여 개인의 주체적 존재성을 강조하는 사상.

- 이단심문(異端審問) : 자기가 믿는 종교가 아닌 다른 종교에 대해 묻고 진술하는 것.

- 예수회(Jesus會) : 1540년 교황의 승인을 받은 남자 수도회(修道會)로 세계적인 선교활동을 함.

혼자 있을 때라도 항상 남 앞에 있는 것처럼 생활하라.
마음의 모든 구석구석이 남의 눈에 비치더라도 두려울
것이 없도록 사색(思索)하고 행동하라.

_ 세네카

요점 이해

언제 어디에 혼자 있더라도 항상 떳떳하게 생각하고 이치에 맞
게 행동하라, 그러면 마음이 편하고 자부심까지 느끼게 된다.

어휘·용어 풀이

❶ **항상**(恒常, always·at all times) - 언제나 늘, 어떤 조건이나 상태에서
도 변함없이 일정한.

  • 恒(항상 항·언제든지 항·떳떳할 항·두루미칠 긍·뻗칠 긍) • 常(떳떳할 상·항구할 상·영원
  할 상·일정할 상)

❷ **생활**(生活, life·livelihood) - 사람이나 생물체가 살아서 활동하는, 어
떤 조직체에서 구성원으로 활동하는.

  • 生(날 생·낳을 생·살 생·기를 생·싱싱할 생·선비 생) • 活(살 활·생존할 활·목숨보존할
  활·생기있을 활)

❸ **사색**(思索, speculation) - 어떤 것에 대하여 깊이 생각하고 이치를
더듬는 일.

• 思(생각 사·심정 사·정서 사·의사 사·사상 사) • 索(찾을 색·더듬을 색·동아줄 삭·새끼꼴 삭)

❹ 행동(行動, act·behaviour) - 생각이나 의도에 따라 몸을 움직여 동작을 하거나 어떤 일을 하는.

• 行(다닐 행·갈 행·행할 행·할 행·돌 행) • 動(움직일 동·옮길 동·흔들릴 동·느낄 동)

교양코너 - 인물 소개

세네카(Seneca, Lucius Annaeus , BC 4 추정~AD 65)

이탈리아 고대 로마제정기 스토아학파(Stoics)의 철학가(哲學家).

그는 인간이 세속(世俗)에 물들면서도 인간다운 까닭은 올바른 이성(理性) 때문이라는 것과 유일(唯一)의 선(善)인 덕(德)을 목적으로 행동하기 때문이라는 스토아주의를 역설(力說)하고 모순(矛盾)과 불안(不安)에 찬 생애(生涯)를 보냈다.

그의 스토아 윤리(倫理)에는 이처럼 인간미(人間美)와 비조(悲調, 슬픈 곡조나 가락)가 첨가되어 있으며 영혼(靈魂)을 육체(肉體)와 구별하여 육체보다 우위에 두었다.

* 스토아학파(Stoics)는 아테네에서 사도 바울과 열띤 논쟁을 벌였던 헬라(HeLa) 철학의 일파이다.

• 사도 바울(使徒 Paul) : 예수의 제자로 기독교 최초로 이방인(異邦人)에게 복음(福音)을 전한 전도자(傳道者).

• 헬라(HeLa) : 그리스를 성경(聖經)에서 부르는 이름.

• 복음(福音) : 기쁜 소식, 그리스도(예수)의 가르침. 그리스도(예수)에 의한 인간 구원의 길.

• 전도자(傳道者) : 주로 기독교에서 도리(道理)를 세상에 널리 전하여 신앙을 갖도록 인도(引導)하는 사람.

"지혜(智慧)는 세상을 넓게 보며 야망(野望)을 품게 한다."

병법(兵法)은 중국 춘추(春秋) 전국(戰國) 시대 전쟁(戰爭)이 격화될 때
당시에 위대한 정치가인 손문(孫文)과 한비자(韓非子) 등이
전쟁 수행(遂行)의 방법과 전술(戰術)·전법(戰法)·병술(兵術)·
병도(兵道) 및 군술(軍術) 등의 내용을 바탕으로 저술한 책으로
오늘날까지 성공을 위한 교훈과 처세술(處世術)로
그 명성(名聲)을 갖고 있다.

「제Ⅱ 병법」편의 여백(餘白)에는 역사 지식으로 우리나라
이씨 조선(李氏朝鮮) 요약사(要約史)를 추가로 수록하였다.

> 국토를 수비하는 바탕은 성(城)이고, 성을 지키는 바탕은
> 병력(兵力)이며, 병력을 보유하는 바탕은 인간(人間)이며, 인
> 간을 보전하는 바탕은 곡식(穀食)이다.

요점 이해

식량으로 쓸 곡식이 없으면 적의 공격을 막는 성도 지킬 수 없
고 전쟁할 병사도 없으며 나라를 유지할 백성도 없다.

어휘·용어 풀이

❶ 국토(國土, country·territory) - 나라의 영토(領土 : 땅), 한 국가의 통치권
이 행해지는 경계의 땅.

• 國(나라 국·국가 국·도읍 국·세상 국·세계 국) • 土(흙 토·땅 토·토양 토·국토 토·영토

토·고향 토)

❷ 수비(守備, defense) - 일정한 지역이나 군대를 배치한 진지(陣地) 따
위를 적군의 침해로부터 지키는.

• 守(지킬 수·다스릴 수·머무를 수·기다릴 수·직책 수) • 備[갖출 비·준비할 비·예방할 비·

의장(의식에 쓰는 무기) 비]

❸ 성(城, castle) - 예전에 적군이 쳐들어오는 것을 막기 위하여 흙이
나 돌로 높이 쌓아올린 큰 담.

• 城[재(높은 산의 고개) 성·성 성·도읍 성·나라 성·도시 성·무덤 성·지킬 성]

❹ 병력(兵力, military force) – 군대나 군사 또는 무력의 힘.

• 兵(병사 병·병졸 병·군사 병·군인 병·무기 병·병기 병) • 力(힘 력·하인 력·일꾼 력·군사 력·병사 력)

❺ 보유(保有, possession) – 사물이나 재물·문화재 따위를 잘 보전(保全)하여 가지고 있는.

• 保(지킬 보·보호할 보·보위할 보·유지할 보·보존할 보) • 有(있을 유·존재할 유·가질 유·소지할 유·넉넉할 유)

❻ 인간(人間, human·man·human being) – 사람·인류, 사람이 사는 세상.

• 人[사람 인·인간 인·다른사람 인·어른 인·성인(成人) 인] • 間(사이 간·때 간·동안 간·차별 간·틈 간)

* 人間萬事 塞翁之馬(인간만사 새옹지마) – 이 세상의 길흉·화복의 덧없음을 이르는 말. 옛날 중국의 변새(邊塞, 변방에 있는 요새)에 살았다는 새옹(塞翁)이라는 노인의 말이 달아나면서 벌어진 인생의 길(吉)·흉(凶)·화(禍)·복(福)에 대한 이야기.

• 塞[변방 새·요새(要塞, 군사적으로 중요한 곳에 만든 성과 같은 방어시설) 새·막힐 새] • 翁(늙은이 옹·시아버지 옹) • 之(갈 지·~의 지) • 馬(말 마·벼슬이름 마)

❼ 보전(保全, preservation) – 사물·인간·자연 따위를 잘 보호(保護)하여 안전하게 유지하는.

• 保(지킬 보·보호할 보·보위할 보·유지할 보·보존할 보) • 全[온전할 전·순전(純全)할 전·갖출 전·모두 전]

❽ 곡식(穀食, corn·grain) – 벼·보리·밀·조·수수·기장·콩·옥수수 따위를 통틀어 일컫는 말.

• 穀[곡식 곡·녹(祿) 곡·복록(福祿, 복되고 영화로운 삶) 곡] • 食(밥 식·음식 식·제사 식·생

 계 식·먹을 식)

* 一年之計 莫如樹穀(일년지계 막여수곡) – 일 년의 계획으로는 곡식을 심는 것이

 제일임을 이르는 말.

• 莫(없을 막·말 막·불가할 막) • 如(같을 여·어떠할 여) • 樹(나무 수·심을 수·세울 수)

02

> 군사(軍士)를 일으키고자 하는 나라는 반드시 먼저 병사에게 커다란 은혜(恩惠)를 베풀어야 하고, 공세(攻勢)를 취하고자 하는 나라는 반드시 백성의 힘을 키우는 일에 주력(注力)해야 한다.

으점 이해

나라가 병사들을 징집하려면 먼저 임금이 은혜를 베풀어 충성심을 불러 일으켜야 하고, 적을 공격하려면 먼저 백성들이 전쟁할 수 있는 강한 힘을 길러야 한다.

어휘 · 용어 풀이

❶ 군사(軍士, soldier) - 전투병인 군인(軍人)으로 계급이 낮은 하사관 이하의 군병(軍兵), 예전의 군인.

• 軍[군사 군 · 진(陣)칠 군] • 士[선비 사 · 관리(官吏) 사 · 군사 사 · 병사 사]

❷ 병사(兵士, soldier · serviceman) - 군사(軍士) · 부사관 이하의 군인이나 군대를 이르던 말.

• 兵(병사 병 · 병졸 병 · 군사 병 · 병기 병 · 전쟁 병) • 士[선비 사 · 관리(官吏) 사 · 군사 사 · 병사 사]

❸ 은혜(恩惠, favours · indebtedness) - 누가 또는 누구에게 고맙게 베풀어 주는 신세나 혜택.

- 恩(은혜 은·인정 은·혜택 은·베풀 은·사랑할 은) • 惠(은혜 혜·사랑 혜·자애 혜·슬기로울 혜)

④ 공세(攻勢, offensive movement) – 적에 맞서 공격하는 세력이나 공격 태세.

- 攻[칠 공·책망할 공·거세(去勢, 어떤 세력이나 대상을 없애는)할 공·공격할 공·굳을 공]
- 勢[형세 세·권세 세·기세(기운이 뻗치는) 세]

⑤ 백성(百姓, the people) – 백 가지 성(姓)으로 된 벼슬이 없는 일반 국민을 예스럽게 이르는 말.

- 百(일백 백·백번 백·여러 백·모두 백·힘쓸 백) • 姓(성 성·성씨 성·백성 성·겨레 성·타고난천성 성)

⑥ 주력(注力, putting forth strength) – 어떤 일에 모든 힘을 들이는, 수단과 방법을 쓰는.

- 注[(액체·가루 등을)부을 주·물댈 주·흐를 주] • 力(힘 력·하인 력·일꾼 력·군사 력·병사 력·힘쓸 력)

03

군주(君主)는 노여움으로 전쟁을 일으켜서는 안 되고, 장수(將帥) 또한 분노(忿怒)로 전투를 해서는 안 된다. 다만, 나라의 이익에 부합(符合)할 때만 움직인다.

요점 이해

나라를 통치하는 군주는 전쟁을 일으킬 때 감정보다는 먼저 국가의 이익을 따져봐야 하고, 군사를 지휘하는 장수는 냉정한 인내로 승패의 여부를 먼저 따져봐야 한다.

어휘·용어 풀이

❶ 군주(君主, monarch·King·ruler) – 세습적으로 나라를 다스리는 최고 지위에 있는 사람, 임금.

  * 세습적(世襲的) : 혈통에 의하여 신분·지위·재산 등을 대대로 물려받는 것.

  • 君[임금 군·영주(領主) 군·군사 군] • 主(임금 주·주인 주·소유 주·우두머리 주) • 的(과녁 적·목표 적·어조사 적)

❷ 전쟁(戰爭, war·warfare) – 국가와 국가 사이의 무기를 사용하는 무력에 의한 투쟁, 싸움.

  • 戰(싸움 전·전쟁 전·전투 전·경기 전·경쟁 전) • 爭(다툴 쟁·논쟁할 쟁·간할 쟁·경쟁할 쟁)

❸ 장수(將帥, generalissimo) – 전투에서 군사를 거느리고 지휘하는 최

고 우두머리.

• 將(장수 장·인솔자 장·장차 장·문득 장·만일 장) • 帥(장수 수·우두머리 수·인솔자 수·통

솔자 수)

④ 분노(忿怒·憤怒, anger) – 분하여 몹시 성을 내는, 분개하여 화가 나

는.

• 忿(성낼 분·화낼 분·원망할 분) • 怒[성낼 노(로)·화낼 노(로)] • 憤(분할 분·성낼 분·

분노할 분)

⑤ 전투(戰鬪, battle·fight) – 병기(兵器)를 써서 적을 쳐부수려는 조직적

인 무력 행동.

• 戰(싸움 전·전쟁 전·전투 전·경기 전·경쟁 전) • 鬪(싸울 투·싸움 투·겨룰 투·경쟁할 투)

⑥ 부합(符合, coincidence) – 상호관계에서 둘 이상의 것이 서로 틀림

이 없도록 꼭 들어맞는.

• 符[부호 부·기호 부·부적(符籍, 잡귀를 쫓고 재앙을 물리치기 위해 붉은색으로 글씨를 쓴

종이) 부·들어맞을 부·부합할 부] • 合(합할 합·모을 합·들어맞을 합·적합할 합)

04

군주(君主)는 반드시 공평무사(公平無私)해야 천하(天下)의 인심(人心)을 얻을 수 있고, 관원은 고하(高下)를 막론하고 유능한 인재를 등용(登用)해야지 친소와 관직의 고하로 결정해서는 안 된다.

요점 이해

나라의 우두머리인 군주는 백성들을 공평하게 다스려야 하고, 나라 일을 맡은 관원들은 인재를 공정하게 골라 뽑아 자리에 써야 한다.

어휘 · 용어 풀이

❶ 군주(君主, monarch · King · ruler) – 세습적으로 나라를 다스리는 최고 지위에 있는 사람, 임금.

　＊세습적(世襲的) : 혈통에 의하여 신분 · 지위 · 재산 등을 대대로 물려받는 것.

　• 君[임금 군 · 영주(領主) 군 · 군사 군] • 主(임금 주 · 주인 주 · 소유 주 · 우두머리 주) • 的(과녁 적 · 목표 적 · 어조사 적)

❷ 공평무사(公平無私, impartiality) – 어느 쪽으로도 치우치지 않고 공정하며 사사로움이 없는.

　• 公(공평할 공 · 공변될 공 · 함께 공) • 平(평평할 평 · 고를 평) • 無(없을 무 · 아닐 무) • 私(사사로울 사 · 집안 사)

❸ 천하(天下, the world) – 하늘 아래, 하늘 아래의 온 세상, 온 세계, 온 지구.

• 天(하늘 천·하느님 천·임금 천·자연 천·운명 천) • 下(아래 하·밑 하·뒤 하·끝 하·임금 하·귀인 하)

❹ 인심(人心, people's mind) – 사람의 마음, 백성의 마음, 국민의 마음, 딱한 사정을 살펴주는 마음.

• 人[사람 인·인간 인·다른사람 인·어른 인·성인(成人) 인] • 心(마음 심·심장 심·뜻 심·의지 심·생각 심·가슴 심)

❺ 고하(高下, up and down·rank) – 사회적 지위나 등급의 높음과 낮음, 품질이나 내용의 좋음과 나쁨.

• 高(높을 고·뛰어날 고·클 고·고상할 고·존경할 고) • 下(아래 하·밑 하·뒤 하·끝 하·임금 하·귀인 하)

❻ 막론하고(莫論, not to speak of) – 이것저것 따지고 가려 말할 것도 없이, 무조건.

• 莫[없을 막·말(하지 말라) 막·불가할 막·아득할 막] • 論[논할 논(론)·논의할 논(론)·서술할 논(론)]

❼ 유능(有能, competence) – 어떤 일을 감당해 낼 수 있는 능력, 재능이 뛰어난.

• 有(있을 유·존재할 유·가질 유·소지할 유·넉넉할 유) • 能(능할 능·기량을보일 능·재능있을 능·할수있을 능)

❽ 인재(人材, talented man) – 학식(學識)과 능력이 있고 인품(人品)이 남달리 뛰어난 사람.

• 人[사람 인·인간 인·다른사람 인·어른 인·성인(成人) 인] • 材(재목 재·재료 재·재능 재·
재주 재·자질 재)

❾ 등용(登用·登庸, appointment) – 어떤 직(職)에 인재(人材)를 골라 뽑아서
쓰는.

• 登(오를 등·나아갈 등·기재할 등) • 用(쓸 용·부릴 용·작용 용) • 庸(떳떳할 용·쓸 용·
고용할 용)

❿ 친소(親疏, intimacy and exclusion) – 친하여 가까움과 친하지 못하여
버성김(벌어져서 틈이 있는).

• 親(친할 친·가까울 친·사이좋을 친·어버이 친) • 疏(성길 소·멀리할 소·멀어질 소·나눌
소·거칠 소)

⓫ 관직(官職, government office) – 국가 기관에서 공무원이 일정한 직무
와 책임을 가지고 차지하는 지위.

• 官(벼슬 관·벼슬자리 관·마을 관·관청 관·직무 관) • 職[직분 직·직책 직·벼슬 직·공물
(貢物) 직·일 직·사업 직]

05

> 군주의 통치권을 위해(危害)하는 팔간(八姦)은 동상(同床)·재
> 방(在旁)·부형(父兄)·양앙(養殃)·민맹(民萌)·유행(流行)·위강(威
> 强)·사방(四方)이다.

요점 이해

군주는 다른 여자와 잠자리를 하는 일, 곁에 두고 즐기는 일,
충실한 신하를 홀리게 하는 일, 재앙을 불러일으키는 일, 백성
을 속이는 일, 헛소문을 퍼뜨리는 일, 욕심을 부리거나 재물을
강제로 빼앗는 일을 해서는 안 된다.

어휘·용어 풀이

❶ 위해(危害, danger and injury) - 폭풍우·지진·홍수로 사회생활이나
   사람이 죽는 위험한 피해.

   • 危(위태할 위·위태로울 위·두려워할 위·불안할 위) • 害(해할 해·거리낄 해·해로울 해·훼
   방할 해·재앙 해)

❷ 팔간(八姦, eight adulteries) - 나쁜 신하(臣下)가 저지르는 8가지 간사
   한 권모술수(權謀術數 : 수단과 방법을 가리지 않는 온갖 모략이나 술책).

   • 八(여덟 팔·여덟번 팔·나눌 팔) • 姦(간음할 간·간통할 간·훔칠 간·악할 간)

❸ 동상(同床, sleeping together) - 잠자리를 같이 하는, 같은 침대를 쓰며

미혹하는 행위.

- 同(한가지 동·무리 동·함께 동·합칠 동·화합할 동) • 床(평상 상·상 상·소반 상·마루
상·우물난간 상)

④ 재방(左旁, stay by the side) – 곁에 같이 있는, 군주 곁에서 즐거움을
만족시키는 행위.

- 在(있을 재·존재할 재·찾을 재·살필 재·장소 재) • 旁(곁 방·옆 방·널리 방·두루 방·도움
방·보좌 방)

⑤ 부형(父兄, father and brothers) – 공자(公子 : 사회적 신분이나 지위가 높은 집안의 아들)
나 조정의 충신과 고급 관리를 미혹하는 행위.

- 父(아버지 부·아비 부·아빠 부·늙으신네 부·어른 부) • 兄(형 형·맏 형·나이많은사람 형·
친척 형·두려워할 황)

⑥ 양앙(養殃, causing calamity) – 행동이 바르지 못한 부정적인 일로 재
앙을 키우는 행위.

- 養(기를 양·젖먹일 양·가꿀 양·수양할 양·봉양할 양) • 殃(재앙 앙·하늘이내리는벌 앙·해
칠 앙·괴롭힐 앙)

⑦ 민맹(民萌, ordinary people) – 벼슬 없는 백성을 속여 마음을 끄는 행위.

- 民(백성 민·사람 민·직업인 민·자신 민) • 萌(움 맹·싹 맹·백성 맹·서민 맹·촌사람 맹)

⑧ 유행(流行, fashion · popularity) – 어떤 시기에 어떤 사회층에서 특정
한 행동 양식이나 사상 따위가 일시적으로 널리 퍼지는 현상.
널리 퍼지는, 유창한 변설(辯舌)이나 근거 없는 유언비어(流言蜚語)
를 따르게 하는 일.

- 流(흐를 유·번져퍼질 유·전할 유·방랑할 유·떠돌 유) • 行(다닐 행·갈 행·행할 행·유행할

행·행실 행)

❾ 위강(威强, powerful threat) – 막강한 위협, 사사로운 무력집단으로 사욕을 채우는 행위.

- 威(위엄 위·권위 위·세력 위·권세 위·두려워할 위) • 强(강할 강·굳셀 강·힘쓸 강·굳을 강·강제로할 강)

❿ 사방(四方, four tricks) – 강한 나라나 우두머리가 되기 위해 백성을 수탈(收奪 : 강제로 빼앗는)하고 국가의 재화(財貨)를 전용(轉用)하고 군주를 위협하고 자기 이익만 채우는 행위.

- 四[녁 사·넷 사·네번 사·사방(四方) 사] • 方(모 방·네모 방·방위 방·방법 방·술법 방)

06

나라를 다스리는 통치술은 인정(人情)에 근거하고, 다수의 지혜(智慧)와 능력을 모으고, 난(亂)이 일어날 소지를 없애고, 논의(論議)의 진상을 이해하고, 비밀을 지키며 일을 처리하고 법에 의해 관리(管理)를 조절하는 것이다.

요점 이해

통치자는 따뜻한 마음으로 백성을 대하여야 하고, 여러 사람의 의견을 귀담아 들어야 하며, 반란이 될 위험을 미리 막아야 하며, 논의할 때는 본뜻을 잘 파악해야 하며, 나라의 비밀이 새어나가지 않도록 해야 한다.

어휘·용어 풀이

❶ 통치술(統治術, the faculty of reign·ruling leadership) – 지배자인 임금이나 대통령이 주권을 행사하며 나라와 백성을 다스리는 지도력이나 기술.

• 統(거느릴 통·합칠 통·계통 통·법 통) • 治(다스릴 치·병을고칠 치) • 術(재주 술·꾀 술·수단 술·기교 술)

❷ 인정(人情, human nature) – 사람 본래의 감정이나 심정, 남을 도와주는 따뜻하고 갸륵한 마음.

• 人[사람 인·인간 인·다른사람 인·어른 인·성인(成人) 인] • 情(뜻 정·마음의작용 정·사랑

정·인정 정·정성 정)

❸ 근거(根據, basis·ground) - 무엇을 정당화할 수 있는 까닭이나 의견
의 출처가 되거나 입증할 수 있는 사실.

• 根(뿌리 근·근본 근·밑동 근·마음 근·생식기 근) • 據(근거 거·근원 거·증거 거·의지할

거·의탁할 거)

❹ 지혜(智慧, wisdom) - 사물의 이치를 빨리 깨달아 밝히고 시비(是非)
와 선악(善惡)을 정확하게 가려내는 능력.

• 智(지혜 지·슬기 지·재능 지·모략 지·총명할 지) • 慧(슬기로울 혜·총명할 혜·교활할 혜)

❺ 능력(能力, ability·capacity) - 어떤 일을 감당해 낼 수 있는 힘, 어떤
기능에 대한 가능성. 어떤 일에 대하여 요구되고 적당하다고 인
정(認定)되는 자격과 행위.

• 能(능할 능·기량을보일 능·재능있을 능) • 力(힘 력·하인 력·일꾼 력·군사 력·병사 력)

❻ 난(亂, war·rebellion) - 전쟁이나 반란·분쟁·사고·재해 등으로 세
상이 소란하고 질서가 어지러워진 현상.

• 亂[어지러울 난(란)·손상시킬 난(란)·다스릴 난(란)·음란할 난(란)]

❼ 소지(素地, room·margin) - 어떤 일이나 문제·내용에 대한 본래의
바탕이나 요인이 되는 바탕.

• 素(본디 소·바탕 소·성질 소·정성 소·평소 소·흴 소) • 地(땅 지·대지 지·장소 지·논밭

지·영토 지)

❽ 논의(論議, discussion·consultation) - 어떤 문제에 대하여 시비를 따지
고 검토하여 협의하는.

• 論[논할 논(론)·논의할 논(론)·서술할 논(론)] • 議[의논할 의·토의할 의·책(責)잡을 의·

의견 의]

❾ **진상**(眞相, the truth · real state) – 사물의 참된 내용이나 모습, 사건 등의 실제의 모양이나 형편.

- 眞(참 진 · 진리 진 · 진실할 진 · 본성 진 · 본질 진) • 相[서로 상 · 바탕 상 · 보조자(補助者, 돕거나 거들어 주는 사람) 상 · 모양 상 · 형상 상]

❿ **관리**(管理, administration) – 업무나 사업을 관할하여 처리하거나 전체를 경영하는 일을 맡아 하는.

- 管(대롱 관 · 관 관 · 피리 관 · 붓 관 · 다스릴 관 · 주관할 관) • 理[다스릴 리(이) · 꿰맬 리(이) · 깨달을 리(이) · 도리 리(이) · 이치 리(이)]

⓫ **조절**(調節, control · adjustment) – 균형이 맞게 바로잡거나 온도 · 거리 · 스트레스 등을 알맞게 맞추는.

- 調(고를 조 · 조절할 조 · 어울릴 조 · 적합할 조 · 보호할 조) • 節(마디 절 · 요약할 절 · 알맞게할 절 · 제한할 절 · 예절 절 · 기념일 절 · 절기 절)

07

> 농민(農民)을 한곳에 거처하도록 하면 곡식이 풍족해지고, 공인(工人)을 한곳에 거처하도록 하면 기물(器物)이 풍족해지며, 상인(商人)을 한곳에 거처하도록 하면 재화(財貨)가 풍족해진다.

요점 이해

곡식을 농사짓는 농민과 물건을 생산하는 공인과 상품을 사고 팔아 돈을 버는 상인들은 각각 한곳에 모여 집단생활을 할 때 능률이 높아지고 풍족하게 살 수 있다.

어휘 · 용어 풀이

❶ 농민(農民, peasant · farmer) - 농업을 생산으로 하여 의(衣) · 식(食) · 주(住)를 의존하는 사람.

 * 농업(農業, farming · agriculture) - 논밭을 갈아 농작물을 가꾸거나 가축을 기르는 직업.

 • 農[농사 농 · 농부 농 · 농가(農家) 농 · 농사질 농] • 民(백성 민 · 사람 민 · 직업인 민 · 나 민 · 자신 민)

❷ 거처(居處, dwelling · living) - 일정하게 한군데 자리를 잡고 일상(日常)을 살거나 숙박하는 곳이나 방.

 • 居(살 거 · 거주할 거 · 차지할 거 · 처지에놓여있을 거) • 處(곳 처 · 처소 처 · 때 처 · 시간 처 · 살

처 · 거주할 처)

❸ 곡식(穀食, corn · grain) - 사람이 양식으로 먹는 쌀 · 보리 · 콩 · 조 · 기장 · 수수 · 밀 · 옥수수 따위를 통틀어 말하는.

• 穀[곡식 곡 · 녹봉(봉급으로 주는 곡식) 곡 · 기를 곡] • 食(밥 식 · 음식 식 · 제사 식 · 생활 식 · 생계 식)

❹ 풍족(豐足, abundance · plenty) - 물질적으로 경제적으로 모자람이 없이 매우 넉넉한.

• 豐[풍년 풍 · 잔대(盞臺, 술잔 받침 그릇) 풍] • 足(발 족 · 뿌리 족 · 근본 족 · 넉넉할 족 · 충족할 족)

❺ 공인(工人, manufacturer) - 공업을 생산으로 공장에서 일하며 의(衣) · 식(食) · 주(住)를 의존하는 사람.

* 공업(工業, the manufacturing industry) - 목제 · 철강 등의 재료와 연장 · 기계를 이용하여 필요한 생활용품을 만드는 직업.

• 工(장인 공 · 기교 공 · 솜씨 공 · 일 공 · 기능 공 · 공업 공) • 人[사람 인 · 인간 인 · 다른사람 인 · 어른 인 · 성인(成人) 인]

❻ 기물(器物, household dishes · object) - 살림살이에서 쓰이는 그릇 · 도구 · 세간 따위를 통틀어 이르는.

* 大器晚成(대기만성) : 노자(老子)의 말씀으로 큰 솥이나 종 같은 것을 만드는 데는 시간이 오래 걸리듯이 사람도 크게 될 사람은 갑작스럽게 이루어지지 않는다는 말.

• 器(그릇 기 · 접시 기 · 도구 기 · 생물체기관 기) • 物(물건 물 · 만물 물 · 사물 물 · 일 물 · 재물 물)

❼ 상인(商人, merchant · trader) - 상업을 생계의 수단으로 하여 의

(衣)·식(食)·주(住)를 의존하는 사람.

* 상업(商業, commerce·trade) - 상품의 매매에 의하여 생산자와 소비자 사이에서
이익을 얻는 것을 전문으로 하는 직업.

• 商[장사 상·장수(장사를 업으로 하는 사람) 상·몫 상] • 人(사람 인·인간 인·다른사람 인·
어른 인)

❽ 재화(財貨, property and money) - 사람의 욕망을 만족시키는 돈이
나 값이 나가는 모든 물건.

• 財(재물 재·재산 재·자산 재·보물 재·녹봉 재) • 貨(재물 화·재화 화·상품 화·돈 화·화
폐 화)

08

대장(大將)은 현자(賢者)를 만나면 스스로 미치지 못하는 듯 가르침을 청하고, 가르침을 좇는 것이 마치 물 흐르듯 자연스러우며, 의지(意志)가 굳세고 용감하면서도 기략(機略)이 넘친다.

요점 이해

군사를 거느리는 대장도 지혜롭고 총명한 전술가를 만나면 청하여 배우려고 한다. 그것은 바로 용기 있는 자의 전략이다.

어휘·용어 풀이

❶ 대장(大將, general) – 군대에서 군사를 거느리는 가장 높은 계급, 장성급의 첫째가는 높은 자리.

• 大(큰 대·클 대·심할 대·높을 대·훌륭할 대) • 將(장수 장·인솔자 장·장차 장·만일 장)

❷ 현자(賢者, wise man·sage) – 어질고 총명하여 성인(聖人) 다음가는 사람.

* 성인(聖人) : 지혜와 덕(德)이 매우 뛰어나 길이 우러러 본받을 만한 사람.

• 賢(어질 현·현명할 현·넉넉할 현·존경할 현) • 者(놈 자·사람 자·것 자·장소 자·여러 자·무리 자)

❸ 의지(意志, will·volition) – 어떤 목적을 느끼고 그것을 달성하기 위하여 적극적으로 노력하는 마음과 정신.

• 意(뜻 의·의미 의·생각 의·사사로운마음 의) • 志(뜻 지·마음 지·본심 지·사사로운생 각 지)

④ 용감(勇敢, bravery) – 어려움이나 두려움을 모르며 씩씩하고 기운 이 차고 넘치는.

• 勇(날랠 용·용감할 용·과감할 용·강할 용) • 敢(감히 감·함부로 감·굳셀 감·용맹스러 울 감)

⑤ 기략(機略, resources) – 닥친 상황에 따라 임기응변으로 그때그때 에 짜낸 꾀·방법.

• 機(틀 기·기계 기·베틀 기·기회 기·때 기) • 略(간략할 략·다스릴 략·경영할 략·약탈 할 략)

09

덕행(德行)을 쌓는 군주(君主)는 귀에 거슬리는 말을 듣고, 군주가 충신(忠臣)을 가까이하려면 의견을 제시하는 충신을 후하게 대우하고, 간사(奸詐)하고 아첨하는 충신을 멀리한다.

요점 이해

공정하고 포용성 있는 군주는 백성의 불평과 충성스러운 신하의 의견을 귀담아 듣고 예의를 갖추어 대하되 아첨하는 신하는 꺼리며 피한다.

어휘·용어 풀이

❶ **덕행**(德行, virtuous conduct) - 어질고 너그러우며 착한 행실.

* 人之德行 謙讓爲上(인지덕행 겸양위상) : 사람의 덕행은 겸손과 사양이 제일이다.

• 德[큰 덕·베풀(혜택을 받게 하는) 덕] • 行(다닐 행·갈 행·행할 행) • 人(사람 인·인간 인·다른사람 인) • 之(갈 지·이를 지·~의 지) • 謙(겸손할 겸·겸허할 겸) • 讓(사양할 양·양보할 양) • 爲(할 위·위할 위·다스릴 위·될 위) • 上(윗 상·위 상·앞 상·첫째 상·옛날 상·임금 상·군주 상)

❷ **군주**(君主, monarch·King·ruler) - 세습적으로 나라를 다스리는 최고지위에 있는 사람, 임금.

* 세습적(世襲的) : 혈통에 의하여 신분·지위·재산 등을 대대로 물려받는 것.

- 君[임금 군·영주(領主) 군·군사 군] • 主(임금 주·주인 주·소유 주·우두머리 주) • 的(과녁

적·목표 적·어조사 적)

❸ 충신(忠臣, loyal retainer·faithful retainer·loyalist) - 나라와 임금을 위하여

충성스럽고 정직함을 다하는, 두 임금을 섬기지 아니하는 불사

이군(不事二君).

* 충신(忠臣)의 반대는 간신(奸臣, 간사하고 속이는 재주가 있는 신하).

• 忠(충성 충·공평할 충·정성 충·공변될 충) • 臣[신하 신·백성 신·하인 신·포로(捕虜)

신·자기의겸칭 신] • 不(아닐 불·말 불) • 事(일 사·섬길 사) • 二(두 이·둘 이) • 君(임

금 군·군사 군)

❹ 의견(意見, opinion) - 어떤 사물이나 문제·안건·사건 등에 대하여

갖고 있는 일정한 생각.

• 意(뜻 의·의미 의·생각 의·사욕 의·무릇 의) • 見(볼 견·보일 견·당할 견·견해 견·뵈올

현)

❺ 제시(提示, presentation) - 어떤 내용이나 문제·의사·방향 따위를

글이나 말 또는 영상으로 드러내어 보이는.

• 提(끌 제·이끌 제·거느릴 제·손에들 제·제시할 제) • 示(보일 시·볼 시·간주할 시·알릴

시·땅귀신 기)

❻ 대우(待遇, treatment) - 예의를 갖추어 남을 대하는, 어떤 사회적 관

계나 태도로 남을 대하는.

• 待(기다릴 대·대접할 대·모실 대·시중들 대) • 遇(만날 우·상봉할 우·대접할 우·예우

할 우)

❼ 간사(奸詐, cunning·slyness) - 나쁜 꾀와 거짓으로 남을 잘 속이며 비

위를 잘 맞추는 재주를 부리는.

- 奸(간사할 간·간통할 간·간음할 간·범할 간) • 詐(속일 사·거짓말할 사·말을꾸밀 사·문득 사)

❽ 아첨(阿諂, flattery) – 남의 마음에 들려고 간사(奸詐)를 부려 비위를 맞추며 알랑거리는.

- 阿(언덕 아·고개 아·물가 아·알랑거릴 아·처마 아·마룻대 아) • 諂(아첨할 첨·아양떨 첨·알랑거릴 첨)

10

무력(武力)이 뒷받침 되지 않으면 강국(強國)이 될 수 없고 덕(德)이 뒷받침 되지 않으면 나라가 창성(昌盛)할 수 없다.

으점 이해

나라가 군사적으로 강해지려면 먼저 막강한 병력과 화력을 갖추어야 하고, 나라가 힘차게 뻗어 나가려면 임금이 백성을 공평하게 다스려야 한다.

어휘·용어 풀이

❶ **무력**(武力, force of arms·military power) – 병력·화력·전술 같은 군사상(軍事上)의 힘.

- 武[호반(虎班, 군사 일을 맡아보는 무관의 신분이나 등급) 무·무관 무·병사 무·굳셀 무]
- 力(힘 력·하인 력·일꾼 력·군사 력·병사 력·힘쓸 력)

❷ **강국**(強國, great power) – 경제력이나 국방력이 뛰어나 국제 사회에서 세력이 강한 나라.

- 強(강할 강·굳셀 강·힘쓸 강·굳을 강·단단할 강) • 國(나라 국·국가 국·도읍 국·세상 국·세계 국)

❸ **덕**(德, virtue) – 공정하고 포용성이 있는 마음이나 품성. 도덕적

이상 또는 법칙을 좇아 확실히 의지를 결정할 수 있는 인격적 능력. 윤리학상 가장 중요한 개념으로 의무적 선(善) 행위를 선택하고 실행하는 습관.

• 德[큰 덕·베풀(도와주어서 혜택을 받게 하는) 덕·고맙게생각할 덕·선행 덕·정의 덕]

4 창성(昌盛, prosperity) – 힘차게 성하여 잘 되어 가는, 기세가 크게 일어나 잘 뻗어 나가는.

• 昌[창성할 창·흥성(興成)할 창·번성할 창] • 盛[성할(기운이나 세력이 왕성한) 성·성대할 성]

11

> 물은 배를 가게 할 수도 있고 가라앉힐 수도 있다. 백성
> (百姓)은 물과 같고 군주(君主)는 배와 같다. 군주가 정도(政道)
> 를 좇아 일을 처리하면 백성은 그를 보호하고 그러하지
> 않으면 백성은 그를 몰아낸다.

요점 이해

백성은 물과 같은 집단의 힘으로 군주를 죽이기도 하고 살리
기도 한다. 그러므로 군주는 언제나 올바르고 정당한 도리로
백성을 다스려야 한다.

어휘·용어 풀이

❶ 백성(百姓, the people) – 백 가지 성(性)으로 된 벼슬이 없는 일반 국
민을 예스럽게 이르는 말.

· 百(일백 백·백번 백·여러 백·모두 백·힘쓸 백) · 姓(성 성·성씨 성·백성 성·겨레 성·타고
난천성 성)

❷ 군주(君主, monarch·King·ruler) – 세습적으로 나라를 다스리는 최고
지위에 있는 사람, 임금.

* 세습적(世襲的): 혈통에 의하여 신분·지위·재산 등을 대대로 물려받는 것.

· 君[임금 군·영주(領主) 군·군자(君子) 군] · 主(임금 주·주인 주·소유 주·우두머리 주)

· 的(과녁 적·목표 적·어조사 적)

❸ 정도(正道, the true(right) path) – 인간으로서 행해야 할 옳은 길, 바른 길, 정당한 도리.

- 正(바를 정·정당할 정·바람직할 정·정직할 정) • 道(길 도·갈 도·가르칠 도·깨달을 도·이끌 도)

❹ 처리(處理, handling·deal with) – 업무나 사건 등을 결말을 짓거나 정리하여 치우는.

- 處(곳 처·처소 처·때 처·시간 처·살 처·처리할 처) • 理[다스릴 리(이)·꿰맬 리(이)·깨달을 리(이)·도리 리(이)·이치 리(이)]

❺ 보호(保護, protection·take care of) – 잘 보살펴 돌보거나 잘 보전되도록 관리하는.

- 保(지킬 보·보호할 보·보위할 보·유지할 보·보존할 보) • 護(도울 호·지킬 호·보호할 호·통솔할 호)

12

사람을 부릴 때는 관직(官職)에 맞는 직분을 분명하게 하고, 나아가고 물러남의 기준이 있게 하고, 개인의 전문적(專門的)인 장점을 발휘시키고, 진급은 순서 있게 공적(功績)에 따라 부여(附與)한다.

요점 이해

국가 기관에서 근무하는 사람은 능력과 전공을 고려하여 직무와 책임을 맡겨야 하고 업적에 따라 공정한 승진과 상벌을 아울러 시행해야 한다.

어휘·용어 풀이

❶ 관직(官職, government office·public office) – 국가 기관에서 공무원이 일정한 직무와 책임을 가지고 차지하는 지위.

• 官(벼슬 관·벼슬자리 관·관청 관·일 관·직무 관) • 職(직분 직·직책 직·벼슬 직·일 직·사업 직·맡을 직)

❷ 직분(職分, duty·function) – 기준이나 조직에서 맡은 직무상의 일·업무 또는 신분.

• 職(직분 직·직책 직·벼슬 직·일 직·사업 직·맡을 직) • 分(나눌 분·베풀어줄 분·나누어질 분·구별할 분)

❸ 분명(分明, obviousness) – 흐릿하지 않고 또렷한, 틀림없이 확실한,

아주 똑똑하고 영리한.

- 分(나눌 분·베풀어줄 분·나누어질 분·구별할 분) • 明(밝을 명·밝힐 명·날이샐 명·똑똑할 명·깨끗할 명)

④ 기준(基準, standard) - 사람이나 사물의 평가에 또는 어떤 수치에 기본이 되는 표준.

- 基(터 기·기초 기·토대 기·근본 기·사업 기·꾀 기) • 準(준할 준·의거할 준·본보기로삼을 준·본받을 준)

⑤ 전문적(專門的, specialized·professional) - 한 가지 분야에만 전심을 다하여 지식·기술 등을 연구하는 것.

- 專(오로지 전·마음대로 전·홀로 전·오직 전) • 門(문 문·전문 문·과목 문) • 的(과녁 적·목표 적·~의 적)

⑥ 장점(長點, advantage·strength·merit·strong point) - 좋은 점, 뛰어난 점, 특히 잘하는 점.

* 장·단점(長短點) : merits and demerits.

- 長(길 장·나을 장·어른 장·길이 장·처음 장) • 點(점 점·흠 점·얼룩 점·물방울 점·측면 점)

⑦ 발휘(發揮, display·demonstration) - 재능이나 역량·실력 같은 것을 외부에 나타내거나 드러내는.

- 發(필 발·쏠 발·일어날 발·나타낼 발·밝힐 발) • 揮(휘두를 휘·지휘할 휘·나타낼 휘·빛날 휘)

⑧ 진급(進級, promotion) - 규정에 따라 등급·계급·학급 따위가 올라가거나 높아지는.

- 進(나아갈 진·오를 진·다가올 진·힘쓸 진·더할 진) • 級(등급 급·차례 급·층계 급·계단 급)

⑨ 공적(功績, achievements) - 어떤 목적을 이루는 데에 힘쓴 노력이나

결과에 대한 실적.

• 功(공 공·공로 공·공적 공·일 공·사업 공·업적 공) • 績(길쌈할 적·꿰맬 적·실뽑을 적·공적 적)

⑩ 부여(附與, grant·bestowal) – 권리나 명예·특혜·지위 따위를 지니거나 갖도록 해주는.

• 附(붙을 부·붙일 부·부착할 부·부여할 부·줄 부) • 與(더불 여·참여할 여·줄 여·베풀어줄 여·인정할 여)

13

상(賞)만 있고 벌(罰)이 없어도 안 되고, 벌(罰)만 있고 상(賞)이 없어도 안 된다. 상(賞)과 벌(罰)은 서로 표리(表裏)의 관계를 맺고 있으며 때를 놓치면 효과가 없다.

요점 이해

근무의 실적으로 받는 상과 벌은 서로 상반되므로 공정하게 평가하여야 하고, 격려와 반성의 효과를 높이기 위해서는 적절한 시기에 시행하여야 한다.

어휘·용어 풀이

❶ 상(賞, prize·award) – 훌륭하게 잘한 일을 칭찬하고 격려하기 위하여 주는 표창장과 돈 또는 물질.

• 賞[상줄 상·증여할 상·칭찬할 상·즐길 상·완상(玩賞, 즐겨 구경하는)할 상]

❷ 벌(罰, punishment·penalty) – 죄(罪)를 지은 사람에게 고통을 주어서 징계(懲戒)하고 억누르는 일.

• 罰[벌할 벌·벌줄 벌·죄(罪) 벌]

❸ 표리(表裏, inside and outside) – 속과 겉, 표면과 내심(內心), 겉으로 나타나는 언행과 속으로 가지는 생각.

• 表(겉 표·거죽 표·겉면 표·바깥 표·도표 표) • 裏[속 리(이)·내부 리(이)·안쪽 리(이)·속

마음 리(이)]

❹ 관계(關係, relation) – 둘 이상의 사람·사물·현상·동작 사이에 서
로 맺어지는 일.

• 關(관계할 관·닫을 관·끌 관·줄 관·받을 관) • 係(맬 계·이어맬 계·묶을 계·줄 계·혈
통 계)

❺ 효과(效果, effect·efficiency) – 반응이나 목적이나 보람 따위가 드러
나는 결과.

• 效(본받을 효·힘쓸 효·나타낼 효·줄 효·공로 효) • 果(실과 과·과실 과·열매 과·결과
과·과연 과)

14

세(勢)란 높은 지위에 있음으로써 생기는 정치적인 통제력(統制力)이고 상대를 제압하는 강력한 위력(威力)이며 권병(權柄)의 법을 시행하는 정치적 지위(地位)를 확보하는 것이다.

요점 이해

강한 권력자는 부하들을 정치적으로 지휘하고 통제하는 능력이 탁월해야 하며 아울러 명령에 복종하게 하는 힘도 갖추어야 한다.

어휘 · 용어 풀이

❶ 세(勢, power · influence) – 인간을 지배하는 권력이나 의기가 당당한 기세의 힘.

  • 勢[형세 세 · 권세 세 · 기세(氣勢, 기운차게 뻗치는 형세) 세 · 기회 세 · 시기 세 · 불알 세]

❷ 지위(地位, position · status) – 개인이 차지하는 사회적인 신분에 따르는 위치나 자리.

  • 地(땅 지 · 대지 지 · 곳 지 · 신분 지 · 영토 지) • 位(자리 위 · 곳 위 · 위치 위 · 지위 위 · 방위 위)

❸ 정치적(政治的, political) – 권력을 행사하며 지배하는 정치에 관한 것, 정치의 수법으로 하는 것.

  • 政[정사(政事) 정 · 조세 정 · 법 정] • 治(다스릴 치 · 바로잡을 치 · 고칠 치) • 的(과녁 적 · 목

표 적·~의 적)

❹ **통제력**(統制力, control·control power) – 일정한 법령·방침에 따라서 강제로 제한하는 힘.

• 統(거느릴 통·계통 통·모두 통) • 制(절제할 제·억제할 제) • 力(힘 력·일꾼 력·군사 력·힘쓸 력)

❺ **상대**(相對, the opposite party) – 서로 마주보고 있는 상대자, 서로 대립되는.

• 相[서로 상·바탕 상·모양 상·형상 상·정승(政丞, 옛날 국가 최고기관의 벼슬) 상] • 對(대할 대·마주할 대·대답할 대·대조할 대)

❻ **제압**(制壓, control·oppression) – 세력이나 기세를 억누르고 강압적으로 복종시키는.

• 制(절제할 제·억제할 제) • 壓(누를 압·억압할 압·막을 압·싫어할 염)

❼ **강력한**(強力한 : powerful·mighty) – 굳센 힘, 강한 힘, 영향력이 강한.

• 強(강할 강·굳셀 강·힘쓸 강·억지로시킬 강) • 力(힘 력·일꾼 력·군사 력·힘쓸 력)

❽ **위력**(威力, power of authority) – 사람을 두렵게 여기게 하고 복종시키는 강대한 힘.

* authority : 권위·권력·위신·권한·권력자·당국.

• 威(위엄 위·권위 위·세력 위·권세 위·힘 위) • 力(힘 력·일꾼 력·군사 력·힘쓸 력)

❾ **권병**(權柄, powerful authority) – 높은 지위나 신분으로 권력을 갖고 사람을 좌우할 수 있는 힘.

• 權(권세 권·권력 권·권한 권·저울 권) • 柄[자루 병·근본 병·권세(칼자루를 잡고 휘두르는) 병]

⓾ 시행(施行, enforcement) - 실지로 행하는, 법령의 효력을 현실적으로 발생시키는 일.

- 施(베풀 시·실시할 시·나누어줄 시·널리퍼질 시) • 行(다닐 행·갈 행·행할 행·유행할 행·돌 행)

⓫ 확보(確保, security·guarantee) - 어떤 사물이나 결과·책임 따위를 보존되도록 책임지는.

- 確(굳을 확·단단할 확·견고할 확·확실할 확) • 保(지킬 보·보호할 보·보존할 보·보증할 보)

15

숲에 불을 질러 사냥하면 당장에는 많은 짐승을 잡을 수 있겠지만 후에는 반드시 짐승이 사라지게 될 것이다. 속임수로 백성을 대하면 눈앞의 이익을 취할 수 있으나 후에는 반드시 백성의 신망(信望)을 얻지 못하게 될 것이다.

요점 이해

산과 들의 숲을 태워 사냥을 하든가 속임수로 백성을 다루면 당장은 쉽지만 나중에는 잡을 짐승도 없어지고 신뢰하는 백성도 모두 없어진다.

어휘·용어 풀이

❶ 사냥(hunting·shooting) – 총·활·매·올가미·망 따위로 산과 들의 짐승이나 새를 잡는 일. 힘센 짐승이 약한 짐승을 먹이로 잡는 일. 일정한 구역에서 중요한 목표들을 찾아 불의에 타격·소멸하는 전투 행동 방법.

❷ 속임수(trickery·cheating) – 남을 꾀어서 슬며시 속이는 짓 또는 그러한 수단.

❸ 백성(百姓, the people) – 백 가지 성(姓)으로 된 벼슬이 없는 일반 국민을 예스럽게 이르는 말.

• 百(일백 백·백번 백·여러 백·모두 백·힘쓸 백) • 姓(성 성·성씨 성·백성 성·겨레 성·

타고난천성 성)

❹ 신망(信望, confidence and popularity 또는 confidence·trust) − 믿음과 덕망(德
望), 즉 믿는 마음과 어질고 착한 행실로 얻은 좋은 평판.

 * confidence는 전면적인 신뢰·신용·신임을 뜻하며 popularity는 대중성
   이나 좋은 평판을 뜻함.

16

> 싸울 때 지켜야할 원칙은 정의(正義)를 위해 싸우고 이해
> 득실(利害得失)을 위해 싸우지 않으며 항복한 자를 용서(容恕)
> 해주고 추잡(醜雜)한 전쟁을 배격하는 용맹(勇猛)과 지혜(智
> 慧)이다.

요점 이해

전쟁을 할 때는 도리에 맞게 정의를 위해 싸우는 용맹이 필
요하지만 패하여 항복하는 자를 용서하는 지혜도 역시 필요
하다.

어휘·용어 풀이

❶ 원칙(原則, rule·principle) – 어떤 행동이나 이론(理論)·사업 등에서 지
켜야 할 근본 법칙.

　• 原(근원 원·근본 원·언덕 원·들판 원·원래 원) • 則(법칙 칙·이치 칙·본받을 칙·곧 즉)

❷ 정의(正義, justice) – 진리에 맞는 올바른 도리, 시민 사회를 유지하
기 위한 도리(道理).

　• 正(바를 정·정당할 정·바람직할 정·정직할 정) • 義(옳을 의·의로울 의·바를 의·착할 의·
　순응할 의)

　* 고대(古代)그리스 철학자 플라톤(Platon)은 국가의 각 부분이 책무를 다하고
　조화(調和)하는 것을 '정의'라고 생각하고, 아리스토텔레스(Aristoteles)는 분배

의 균등이 '정의'라고 생각하였음.

❸ 이해득실(利害得失, gain and loss·profit and loss·interests) – 이익과 손해(이로움과 해로움), 얻음과 잃음을 아울러 이르는 말.

- 利[이로울 이(리)·유익할 이(리)] • 害(해할 해·해로울 해) • 得(얻을 득·깨달을 득) • 失(잃을 실·잃어버릴 실)

❹ 항복(降伏, surrender) – 적이나 상대편에게 방어 지역을 내어주고 잘못했다고 굴복하는.

- 降(항복할 항·투항할 항·내릴 강·떨어질 강) • 伏(엎드릴 복·굴복할 복·항복할 복·숨을 복)

❺ 용서(容恕, pardon·forgiveness) – 저지른 죄나 잘못에 대하여 꾸짖거나 벌을 주지 않고 관대하게 대하는.

- 容(얼굴 용·모양 용·그릇에담을 용·용서할 용) • 恕(용서할 서·어질 서·인자할 서·동정할 서)

❻ 추잡(醜雜, filthiness) – 행실이나 행동이 깨끗하거나 얌전하지 않고 더럽고 지저분한.

- 醜(추할 추·못생길 추·나쁠 추·미워할 추·못될 추) • 雜(섞일 잡·어수선할 잡·거칠 잡·천할 잡)

❼ 배격(排擊, rejection) – 남의 의견이나 요구·사상·물건 같은 것을 거절하거나 배척하여 물리치는.

- 排(밀칠 배·밀어젖힐 배·물리칠 배·배척할 배) • 擊(칠 격·부딪칠 격·공격할 격·마주할 격·죽일 격)

❽ 용맹(勇猛, intrepidity) – 용감하고 사나운, 어떤 일에 두려움을 모르며 기운이 넘치는.

- 勇(날랠 용·용감할 용·과감할 용·결단력있을 용) • 猛(사나울 맹·굳세고용맹스러울 맹·날랠 맹·맹렬할 맹)

❾ 지혜(智慧, wisdom) — 사물의 이치를 빨리 깨달아 시비(是非)와 선악(善惡)을 정확하게 가려내는 능력 또는 사물을 정확하게 처리하는 재능.

- 智(지혜 지·슬기 지·재능 지·모략 지·총명할 지) • 慧(슬기로울 혜·총명할 혜·교활할 혜)

17

왕(王)은 인(仁)을 근본으로 하고 의(義)에 입각해 나라를 다스리는 것이 정도(正道)이며, 정도가 막혀 뜻대로 되지 않을 경우에만 일시적인 타개책(打開策)으로 권도(權道)를 사용한다.

요점 이해

임금이 나라를 다스리는 기본 도리는 백성을 사랑하고 의리로 대하는 것이다. 부득이 그 도리를 지키지 못한 경우에만 일시적인 방법을 써야 한다.

어휘·용어 풀이

❶ 인(仁, perfect virtue) - 공자(孔子)가 주장한 유교(儒敎)의 도덕·정치 이념.

• 仁(어질 인·자애로울 인·인자할 인·사랑할 인·불쌍히 여길 인·박애(博愛) 인)

* 오상(五常)의 하나로 모든 덕(德)의 기초로서 공자는 이것을 극기복례(克己復禮)라고 설명하고 일반적으로 사랑 또는 박애(博愛)가 그 내용으로 됨.

• 극기복례 : 욕망이나 거짓된 마음을 자기 자신의 의지력으로 억제하고 예의에 어그러지지 않도록 하는.

❷ 근본(根本, root·foundation) - 초목의 뿌리라는 뜻으로 어떤 본질의 근원이 되거나 주가 되는.

• 根(뿌리 근·근본 근·밑동 근·마음 근·생식기 근) • 本(근본 본·뿌리 본·원래 본·근원 본)

❸ 의(義, justice·morality) – 사람으로서 지켜야 할 정당한 도리, 존귀
한대도 교만하지 않는.

• 義(옳을 의·의로울 의·바를 의·선량할 의·순응할 의·맺을 의·정의로울 의·뜻 의·의미
의·명분 의)

❹ 입각하다(立脚~, be based on) – 어떤 사물·사실·견해·조건·주장
따위에 근거를 두어 그 처지나 입장에 서는.

• 立(설 입·멈추어설 입·똑바로설 입·임할 입) • 脚(다리 각·물건의하부 각·토대가될
각·밟을 각)

❺ 정도(正道, the true(right) path) – 인간으로서 행해야 할 옳은 길, 바른
길, 정당한 도리.

• 正(바를 정·정당할 정·바람직할 정·정직할 정) • 道(길 도·갈 도·가르칠 도·깨달을
도·이끌 도)

❻ 타개책(打開策, remedy·solution·way out·counter-measure) – 얽히고 막힌 일
이나 문제를 잘 처리하여 나갈 수 있는 길을 여는 방책이나 대책.

• 打(칠 타·때릴 타·만들 타·세울 타) • 開(열 개·열릴 개·개척할 개) • 策(꾀 책·계책
책·댓조각 책)

❼ 권도(權道, political expediency) – 때에 따라 임기응변으로 일을 처리
하는 방법과 도리.

• expediency(상책·방편·편법·유리함·편이주의)

＊ 임기응변(臨機應變) : 그때그때의 처한 형편에 따라 그에 알맞게 그 자리에서
처리하는.

• 權(권세 권·권력 권·유리한형세 권·방편 권) • 道(길 도·갈 도·가르칠 도·깨달을 도·이끌 도)

18

장수(將帥)가 갖추어야 할 덕목은 오재(五材)로서 용맹(勇猛)
스러워야 하고, 인자(仁慈)해야 하고, 신의(信義)가 있어야
하고, 충성(忠誠)스러워야 한다. 충성스러우면 두 마음을
품지 않는다.

요점 이해

군사를 지휘하는 장수는 두려움 없는 용기와 너그러운 사랑과
믿고 의지하는 의리와 몸과 마음을 바쳐 충성하는 성품을 갖
추어야 하며 속과 겉이 다른 두 마음으로 한 임금을 섬기면 안
된다.

어휘·용어 풀이

❶ 장수(將帥, generalissimo·commander-in-chief) - 전투에서 군사를 거느리
고 지휘하는 최고 우두머리.

• 將(장수 장·인솔자 장·장차 장·문득 장·만일 장) • 帥(장수 수·우두머리 수·인솔자 수·통
솔자 수·좇을 수)

❷ 덕목(德目, items of virtue) - 일반적으로 충(忠)·효(孝)·인(仁)·의(義)의 덕
을 분류하는 명목(名目 : 표면상으로 부르는 명칭).

• 德(큰 덕·덕을베풀 덕·고맙게생각할 덕) • 目[눈 목·눈빛 목·시력 목·견해 목·안목 목·조
목(條目, 법률이나 규정 따위의 낱낱의 조(條)나 항목(項目)) 목]

❸ 오재(五材, five natural disposition) – 타고난 성품과 맡은 일을 수행할 수 있는 5가지의 기질.

· 五[다섯 오·다섯곱절 오·오행(五行) 오·제위(帝位) 오] · 材(재목 재·재료 재·재능 재·바탕 재·보물 재·성질 재·자질 재)

❹ 용맹(勇猛, intrepidity) – 용감하고 사나운, 어떤 일에 두려움을 모르며 기운이 넘치는.

· 勇(날랠 용·용감할 용·과감할 용·결단력있을 용) · 猛(사나울 맹·굳세고용맹스러울 맹·날랠 맹·맹렬할 맹)

❺ 인자(仁慈, love and benevolence) – 마음이 너그럽고 인정이 두터우며 사랑을 베푸는.

· 仁(어질 인·자애로울 인·인자할 인·불쌍히여길 인) · 慈(사랑 자·어머니 자·자비 자·인정 자·동정 자)

❻ 신의(信義, faithfulness) – 굳건한 옳은 도리(道理)를 지키는 믿음과 의리.

· 信(믿을 신·신임할 신·맡길 신·신봉할 신·성실할 신) · 義(옳을 의·의로울 의·바를 의·맺을 의)

❼ 충성(忠誠, loyalty) – 마음속에서 우러나는 정성, 도덕적 관념에서 임금에게 바치는.

· 忠(충성 충·공평 충·정성 충·정성스러울 충) · 誠(정성 성·진실 성·참으로 성·삼갈 성)

19

장수(將帥)가 버려야 할 병폐(病弊)는 미료(昧料)·미임(未任)·미정(未正)·미제(未濟)·미비(未備)·미방(未防)·미거(未擧)·미책(未責)이다.

요점 이해

군사를 거느리는 장수는 시비를 판단하여 방법을 세우고, 지위에 맞게 군사를 배치해야 하며, 공과 사를 엄하게 구분해야 하며, 어려움에 시달리는 병사가 없도록 해야 하며, 부족함이 없도록 대비해야 하며, 비밀이나 정보가 새어나가지 않도록 해야 하며, 인재를 발굴하여 추천해야 하며, 실패를 남에게 떠넘기지 말아야 한다.

어휘·용어 풀이

❶ 장수(將帥, generalissimo·commander-in-chief) – 전투에서 군사를 거느리고 지휘하는 최고 우두머리.

  • 將(장수 장·인솔자 장·장차 장·문득 장·만일 장) • 帥(장수 수·우두머리 수·인솔자 수·통솔자 수·좇을 수)

❷ 병폐(病弊, pernicious evil) – 병으로 인한 아픔과 잘못된 일로 부정적이거나 옳지 않은 현상.

• 病(병 병·질병 병·근심 병·결점 병·병들 병) • 弊[폐단(弊端) 폐·부정행위 폐·해칠 폐]

❸ 미료(未料, lack of trick) – 계책(計策)이 부족해 시비(是非)를 제대로 판별하지 못하는.

• 未(아닐 미·못할 미·여덟째지지 미·미래 미) • 料(헤아릴 료·생각할 료·셀 료·다스릴 료·꾀할 료)

❹ 미임(未任, lack of faculty) – 예의가 부족해 현능(賢能)한 인물을 임명하지 못하는.

• 任[맡길 임·줄 임·능할 임·잘할 임·공을세울 임·임신(妊娠)할 임·책임을맡을 임]

❺ 미정(未正, lack of justness) – 정사(政事)를 제대로 펼치지 못해 법집행이 엄하지 못하는.

• 正[바를 정·정당(正當)할 정·바람직할 정·정직할 정·바로잡을 정·다스릴 정]

❻ 미제(未濟, lack of relief) – 재력(財力)이 있음에도 궁핍(窮乏)한 자를 구하지 못하는.

• 濟[건널 제·도울 제·구제(救濟)할 제·이룰 제·성공할 제·성취할 제]

❼ 미비(未備, lack of preparation) – 지혜(智慧)가 부족해 사전에 대비하지 못하는.

• 備(갖출 비·준비할 비·채울 비·예방할 비·모두 비·비품 비)

❽ 미방(未防, lack of prevention) – 사려(思慮)가 부족해 기밀의 누출을 방지하지 못하는.

• 防[막을 방·방어(防禦)할 방·맞설 방·필적(匹敵, 능력이 엇비슷하여 서로 맞서는)할 방]

❾ 미거(未擧, lack of recommendation) – 지위가 현귀(顯貴)해졌는데도 인재를 천거하지 못하는.

- 擧[들 거·일으킬 거·행할 거·들추어낼 거·흥기(興起)할 거·추천할 거·제시할 거]

⑩ 미책(未責, lack of responsibility) – 좌절(挫折)을 겪으며 실패했는데도 원인을 자신에게서 찾지 않고 남을 원망(怨望)하며 비방(誹謗)하는.

- 誹謗(비방) : 남을 비웃고 헐뜯어 말하는 • 責(꾸짖을 책·나무랄 책·헐뜯을 책)

20

장수(將帥)는 세 가지 원칙을 지켜야 한다. 첫째 장수는 지휘관(指揮官)으로 임명되는 순간 집안을 잊어야 하고, 둘째 국경을 넘어 적지(敵地)로 들어갈 때에는 부모를 잊어야 하고, 셋째 적과 대치(對峙)했을 때는 자신의 몸을 잊어야 한다.

요점 이해

군사를 지휘하는 장수로 임명되면 가족을 먼저 잊어야 하고, 적군의 지역으로 쳐들어갈 때는 부모를 잊어야 하며, 마지막으로 적군과 맞설 때는 목숨을 잊어야 한다.

어휘·용어 풀이

❶ 장수(將帥, generalissimo·commander-in-chief) – 전투에서 군사를 거느리고 지휘하는 최고 우두머리.
- 將(장수 장·인솔자 장·장차 장·문득 장·만일 장) • 帥(장수 수·우두머리 수·인솔자 수·통솔자 수·좇을 수)

❷ 원칙(原則, fundamental rule) – 어떤 행동이나 이론·사업 등에서 지켜야 할 근본의 법칙.
- 原(언덕 원·근원 원·근본 원·저승 원·들판 원) • 則(법칙 칙·준칙 칙·이치 칙·본받을 칙·곧 즉)

❸ 지휘관(指揮官, commander·officer) – 군대·합창·합주 등에서 집단행

동의 전체를 통솔하는 사람.

- 指(가리킬 지·손가락질 지·지시할 지) • 揮(휘두를 휘·지휘할 휘·지시할 휘) • 官(벼슬 관·직무 관)

❹ **임명**(任命, appointment·nomination) – 관청이나 회사에서 일정한 직무를 맡기는.

- 任(맡길 임·줄 임·능할 임·공을세울 임·맡을 임) • 命(목숨 명·생명 명·수명 명·명령 명·운 명)

❺ **국경**(國境, the national boundary) – 나라와 나라 사이의 경계, 영토(領土)의 경계선.

- 國(나라 국·국가 국·서울 국·고향 국·세상 국) • 境(지경 경·경계 경·국경 경·경우 경·장소 경)

❻ **적지**(敵地, the enemy's territory) – 적국이나 또는 적군이 차지하거나 관리하는 땅.

- 敵(대적할 적·겨룰 적·대등할 적·맞설 적·짝 적) • 地(땅 지·대지 지·곳 지·장소 지·논밭 지·영토 지)

❼ **적**(敵, enemy) – 서로 해치려고 싸우는 상대자, 전쟁에서 맞서 싸우는 적군.

- 敵(대적할 적·겨룰 적·대등할 적·맞설 적·짝 적)

❽ **대치**(對峙, standing face to face·confrontation) – 대립하고 있는 양쪽 편이 서로 맞서서 버티는, 높은 산이나 건물이 맞서서 우뚝 솟아 있는.

- 對(대할 대·마주할 대·대답할 대·상대 대·짝 대) • 峙(언덕 치·고개 치·우뚝솟을 치·멈출 치)

21

장수(將帥)는 지혜(智慧)와 신의(信義)·인애(仁愛)·용기(勇氣)·엄
정(嚴正)을 갖춘 사령관을 말하며 문덕(文德)으로 명을 내리
고 무위(武威)로 기강을 바로잡아야 한다.

요점 이해

장수가 사령관에 오르면 옳고 그름을 정확하게 판단해야 하
고, 신뢰와 도리를 철저히 지켜야 하며, 병사에게는 인정이 두
터워야 하며, 두려움을 모르는 용기가 있어야 하며, 엄격하고
정직해야 한다. 그리고 지식을 겸비한 덕과 무력의 기세로 질
서를 잡아야 한다.

어휘·용어 풀이

❶ 장수(將帥, generalissimo·commander-in-chief) – 전투에서 군사를 거느리
고 지휘하는 최고 우두머리.

  • 將(장수 장·인솔자 장·장차 장·문득 장·만일 장) • 帥(장수 수·우두머리 수·인솔자 수·통
  솔자 수·좇을 수)

❷ 지혜(智慧, wisdom) – 사물의 이치를 빨리 깨달아 밝히고 옳고 그
름과 선악(善惡)을 정확하게 가려내는 능력.

  • 智(슬기 지·지혜 지·재능 지·꾀 지·총명할 지) • 慧(슬기로울 혜·총명할 혜·사리에밝

을 혜)

❸ **신의**(信義, faithfulness) – 믿음과 사람으로서 마땅히 해야 할 옳은
도리(道理).

- 信(믿을 신·맡길 신·신임할 신·성실할 신) • 義(옳을 의·의로울 의·바를 의·착할 의·
순응할 의)

❹ **인애**(仁愛, humane affection) – 너그럽고 인정 많은 어진 마음으로 하
는 사랑.

- 仁(어질 인·자애로울 인·인자할 인·사랑할 인) • 愛(사랑 애·자애 애·인정 애·탐욕 애·사
모할 애)

❺ **용기**(勇氣, courage·bravery) – 용감스러운 기운, 씩씩하고 굳센 기운,
겁내지 아니하는 기개(氣槪, 꿋꿋한 기운과 굽히지 않는 마음과 태도).

- 勇(날랠 용·용감할 용·과감할 용·용기있을 용) • 氣[기운(감각으로 느끼는 현상) 기·기세
기·숨(공기를 들이마시고 내쉬는 기운) 기]

❻ **엄정**(嚴正, strictness·exactness) – 엄중(嚴重)하고 정직(正直)한.

- 엄중(嚴重) : 몹시 엄하고 중대한 • 嚴[엄할 엄·혹독(酷毒, 하는 짓이 몹시 모질고 악한)할
엄·엄격할 엄·지독(至毒, 마음이 매우 앙칼지고 매서우며 독한)할 엄] • 正(바를 정·정당할
정·올바를 정·정직할 정·다스릴 정)

❼ **사령관**(司令官, commander) – 군대 등에서 군(軍)·함대(艦隊) 따위를 지
휘·통솔하는 직책 또는 그 직책을 맡은 사람.

- 司(맡을 사·엿볼 사·벼슬 사) • 令(하여금 령·법령 령·명령할 령·장관 령·우두머리 령)
• 官(벼슬 관·관청 관·직무 관)

❽ **문덕**(文德, a scholarship of virtue) – 학문의 덕, 문인[文人 : 시가(詩歌)·

소설, 문장 등에 종사하거나 뛰어난 사람]이 갖춘 위엄과 덕망

(德望, 어질고 착한 행실로 이름이 세상에 널리 알려지는).

• 文[글월 문·문장 문·글자 문·문서 문·학문(學問) 문] • 德(큰 덕·덕을베풀 덕·고맙게생

각할 덕)

❾ 명(命, order·command) – 명령(命令)과 같은 뜻으로 상부 기관이 하급

기관에, 윗사람이 아랫사람에 무엇을 하도록 시키는.

• 命[목숨 명·생명 명·수명 명·운수 명·명령 명·분부(分付·吩付, 윗사람이 아랫사람에게 명

령이나 지시를 내리는) 명]

❿ 무위(武威, military prestige(power)) – 병력·화력 같은 군사상의 힘의

기세·세력.

• 武[호반(虎班, 무기와 무력에 관한 재주가 있고 병법(兵法)에 뛰어난 벼슬의 신분) 무·무인

(武人) 무·병사 무] • 威[위엄(威嚴) 위·권위 위·세력 위·힘 위]

⓫ 기강(紀綱, discipline) – 군대나 집단에서 으뜸이 되는 중요한 규율

과 질서.

• 紀[벼리(그물코를 꿴 굵은 줄) 기·세월 기·규율 기] • 綱(벼리 강·줄 강·다스릴 강·통

치할 강)

> 장수(將帥)에게는 십과(十過)라는 10가지 결점이 있는데 그 중에서 가장 중요한 것은 죽음을 가벼이 여기고, 성급히 공(功)을 세우려 하고, 인정(人情)에 약하고, 결단력(決斷力)이 부족하며 독선적(獨善的)인 것이다.

요점 이해

장수가 잘못 판단하는 10가지 결점(아래 참고)이 있다. 그중에서 특히 전쟁할 때 목숨을 가볍게 여기거나 공적을 서둘러 의식하거나 독단적인 의견으로 문제를 처리하는 단점은 반드시 피해야 한다.

어휘·용어 풀이

❶ 장수(將帥, generalissimo·commander-in-chief) – 전투에서 군사를 거느리고 지휘하는 최고 우두머리.

• 將(장수 장·인솔자 장·장차 장·문득 장·만일 장) • 帥(장수 수·우두머리 수·인솔자 수·통솔자 수·좇을 수)

❷ 십과(十過, ten faults) – 전쟁에서 패배를 가져오기 쉬운 장수의 10가지 결점, 장수의 자질을 뜻함.

＊**10가지** ①지나치게 용감(勇敢)해 죽음을 가벼이 여긴다. ②지나치게 서둘러 성급히 공(功)을 세우려고 한다. ③욕심(慾心)이 과해 이익을 지나치게 밝

힌다. ④지나치게 어질어 인정(人情)에 견디지 못한다. ⑤총명(聰明)하기는 하나 내심 겁이 많다. ⑥신의(信義)가 있기는 하나 사람을 지나치게 잘 믿는다. ⑦청렴결백(淸廉潔白)하기는 하나 사람을 사랑하지 않는다. ⑧지모(智謀)가 있기는 하나 결단하지 못한다. ⑨과단성(果斷性)이 있기는 하나 독선적이다. ⑩ 마음이 여려 책임(責任)을 남에게 즐겨 떠넘긴다.

• 十(열 십·열번 십·열배 십·전부 십·일체 십) • 過(지날 과·예전 과·경과 과·허물 과·잘못 과)

❸ 결점(缺點, fault·defect) − 부족하거나 잘못되어 흠으로 되는 점, 허물.

• 缺(이지러질 결·없을 결·모자랄 결·부족할 결) • 點(점 점·흠 점·얼룩 점·물방울 점·점찍을 점)

❹ 성급히(性急~, impatiently) − 성질이 팔팔하고 몹시 급한, 참을성이 없이 성미가 급한.

• 性(성품 성·타고난사람의천성 성·성질 성) • 急(급할 급·중요할 급·재촉할 급·빠를 급·긴요할 급)

❺ 공(功, merits·services) − 어떤 목적을 이루는 데에 힘쓴 노력이나 결과.

• 功(공로 공·공적 공·일 공·사업 공·업적 공)

❻ 인정(人情, compassion·humanity) − 사람 본래의 감정이나 심정, 남을 도와주는 따뜻하고 갸륵한 마음.

• 人[사람 인·인간 인·다른사람 인·어른 인·성인(成人) 인] • 情(뜻 정·마음의작용 정·사랑 정·정성 정)

❼ 결단력(決斷力, decision) - 결정적인 판단을 하거나 단정을 내릴 수 있는 능력.

- 決(결단할 결·결정할 결·판단할 결) • 斷(끊을 단·결단할 단·나무조각 단·죽일 단) • 力(힘 력·힘쓸 력·병사 력)

❽ 독선적(獨善的, self-righteous) - 자기의 견해 만에 의하여 혼자서 자기에게 유리하게만 일을 처리하는.

- 獨(홀로 독·혼자 독·어찌 독·오직 독) • 善(착할 선·좋을 선·훌륭할 선·소중히여길 선·뛰어날 선) • 的(과녁 적·목표 적·~의 적)

23

전술(戰術)은 필승을 거두기 위한 계책(計策)이다. 그러므로 접전 상황에서는 적(敵)을 속이는 속임수인 시계(始計), 즉 궤도(詭道)에서 해답을 찾아야 한다.

요점 이해

전쟁은 승리를 목적으로 수행하는 것이며 승리를 위한 전술이 곧 전략이다.

그러므로 전략은 지켜야 할 도리보다는 때로는 적을 속일 수 있는 방법과 기술로 임해야 한다.

어휘 · 용어 풀이

❶ 전술(戰術, tactics · strategy) - 전투에서 전략을 성공시켜 최대한의 성과를 올리기 위한 구체적인 전투 진행 방법.

  • 戰(싸움 전 · 전쟁 전 · 전투 전 · 경기 전 · 경쟁 전) • 術(재주 술 · 꾀 술 · 방법 술 · 수단 술 · 책략 술)

❷ 필승(必勝, certain victory) - 전쟁이나 게임 · 경기 · 시합 · 투쟁 따위에서 꼭 · 반드시 이긴다는.

  • 必(반드시 필 · 틀림없이 필 · 오로지 필 · 기약할 필) • 勝(이길 승 · 뛰어날 승 · 훌륭할 승 · 경치 좋을 승)

❸ 계책(計策, scheme·trick) – 어떤 일을 실현하기 위하여 짜낸 꾀와 거기에 따른 방법.

- 計(셀 계·계산할 계·헤아릴 계·꾀할 계·산수 계) • 策[꾀 책·계책 책·댓조각 책·책(서적) 책]

❹ 접전(接戰, close combat·tight match) – 서로 마주 붙어 어우러져 싸우는, 서로 힘이 비슷하여 승부가 나지 않는 전투.

- 接(이을 접·접붙이 접·접할 접·접촉할 접·사귈 접) • 戰(싸움 전·전쟁 전·전투 전·경기 전·경쟁 전)

❺ 상황(狀況, situation) – 어떤 일이 되어가는 과정이나 상태 또는 형편.

- 狀(형상 상·모양 상·용모 상·공정 상·나타날 상) • 況[상황 황·정황(情況) 황·형편(形便) 황]

❻ 시계(始計, false trick) – 먼저 시도하는 속임수 계책이나 선제적인 위장술.

- 始(비로소 시·바야흐로 시·먼저 시·시초 시·근원 시) • 計(셀 계·계산할 계·헤아릴 계·꾀할 계·산수 계)

❼ 궤도(詭道, deceiving means) – 도리에 맞지 않게 남을 속이는 수단.

- 詭(속일 궤·꾸짖을 궤·어길 궤·위배할 궤) • 道(길 도·가르칠 도·깨달을 도·재주 도·수단 도)

24

천하(天下)를 다스리는 6가지 덕목(德目)은 천하를 품는 도
량(度量)과 천하를 묶는 신뢰(信賴)와 천하를 다독일 수 있는
인애(仁愛)와 천하를 보전할 수 있는 은혜(恩惠)와 천하를 잃
지 않을 수 있는 권력(權力)과 사직을 보전할 수 있는 과단
성(果斷性)이다.

요점 이해

천하를 지배하려는 지도자는 너그러운 마음과 깊은 믿음과 두
터운 사랑과 베푸는 은혜와 천하를 지키는 힘과 토지와 곡식
의 신을 섬기는 6가지 결단력이 필요하다.

어휘·용어 풀이

❶ 천하(天下, the world) – 하늘 아래, 하늘 아래의 온 세상, 온 세계, 온
지구.

• 天(하늘 천·하느님 천·임금 천·자연 천·운명 천) • 下(아래 하·밑 하·뒤 하·끝 하·임금
하·귀인 하)

❷ 덕목(德目, items of virtue) – 일반적으로 충(忠)·효(孝)·인(仁)·의(義)의 덕
을 분류하는 명목(名目, 표면상으로 부르는 명칭).

• 德(큰 덕·덕을베풀 덕·고맙게생각할 덕) • 目[눈 목·눈빛 목·시력 목·견해 목·안목(眼目,
사물을 분별하는 힘이나 앞을 내다보는 능력) 목·조목(條目, 법률이나 규정 따위의 낱낱의
조(條)나 항목(項目)) 목]

❸ **도량**(度量, generosity · magnanimity) – 사물을 다루는 너그러운 마음과 깊은 생각, 양(量)을 재는.

- 度(법도 도 · 법제 도 · 법 도 · 자 도 · 도구 도 · 도수 도) · 量(헤아릴 량 · 추측할 량 · 잴 량 · 되질할 량)

❹ **신뢰**(信賴, trust) – 인간관계에서 굳게 믿고 의지하는.

- 信(믿을 신 · 신임할 신 · 맡길 신 · 성실한 신) · 賴[의뢰할 뢰(뇌) · 의지할 뢰(뇌)]

❺ **다독이다**(comfort · gather and press) – 모은 물건이나 아기를 달랠 때 가만가만 두드리는.

❻ **인애**(仁愛, humane affection) – 너그럽고 인정 많은 어진 마음으로 하는 사랑.

- 仁(어질 인 · 자애로울 인 · 인자할 인 · 사랑할 인) · 愛(사랑 애 · 자애 애 · 인정 애 · 탐욕 애 · 사모할 애)

❼ **보전**(保全, preservation) – 사물 · 인간 · 자연 따위를 잘 보호(保護)하여 안전하게 하는.

- 保(지킬 보 · 보호할 보 · 보위할 보 · 유지할 보 · 보존할 보) · 全[온전할 전 · 순전(純全, 순수하고 완전한)할 전 · 갖출 전 · 모두 전]

❽ **은혜**(恩惠, favours · indebtedness) – 누가 또는 누구에게 고맙게 베풀어 주는 신세나 혜택.

- 恩(은혜 은 · 인정 은 · 온정 은 · 혜택 은 · 베풀 은) · 惠(은혜 혜 · 사랑 혜 · 자애 혜 · 인자할 혜)

❾ **권력**(權力, power · authority) – 일정한 집단의 구성원에 의하여 공인되고 있는 힘, 인간의 행동을 지배하는 힘.

- 權(권세 권 · 권력 권 · 권한 권 · 권리 권 · 저울 권) · 力(힘 력 · 하인 력 · 일꾼 력 · 인부 력 · 군사

력 · 병사 력)

⑩ 사직(社稷, Land God and Grain God · political realm) – 지난날 나라에서 백성의 복을 위해 제사하는 토지의 신(神)인 사(社)와 곡식의 신(神)인 직(稷).

• 국가나 조정(朝廷)을 이르는 말.

• 社[모일 사 · 제사지낼 사 · 땅귀신(토지신) 사] • 稷[기장(볏과의 한해살이풀) 직 · 곡식신 직]

⑪ 과단성(果斷性, firmness of character · decision) – 일을 딱 잘라서 결단하는 성질.

• 果(실과 과 · 과실 과 · 과감할 과) • 斷(끊을 단 · 결단할 단) • 性(성품 성 · 바탕 성 · 성질 성)

> 한 사람의 힘은 많은 사람을 맞서지 못하고, 한 사람의
> 지혜(智慧)는 모든 사물을 다 파악(把握)하지 못한다. 그러므
> 로 힘과 지혜로 맞서면 무리를 지은 사람들이 이긴다.

요점 이해

여러 사람의 힘과 지혜는 한 사람의 것보다 강하다. 그러므로
집단적 사고로 맞서면 어느 누구도 이긴다.

어휘 · 용어 풀이

❶ 지혜(智慧, wisdom) – 사물의 이치를 빨리 깨달아 밝히고 시비(是非)
와 선악(善惡)을 정확하게 가려내는 능력.

　• 智(지혜 지·슬기 지·재능 지·모략 지·총명할 지) • 慧(슬기로울 혜·총명할 혜·교활할 혜)

❷ 사물(事物, things·affairs) – 모든 일과 물건·사건과 목적물을 아울
러 이르는 말.

　• 事[일 사·직업 사·재능 사·관직 사·사고(事故) 사] • 物[물건 물·만물 물·사물 물·재물
　물·사무(事務)일 물]

❸ 파악(把握, grasping·seizing) – 손으로 잡아 쥐는, 어떤 사정·본질·내
용·상황 등을 잘 이해하는.

　• 把(잡을 파·손으로쥘 파·묶을 파·한웅큼 파) • 握[쥘 악·장악(掌握, 무엇을 마음대로 휘어

잡는)할 악·손아귀 악·손잡이 악·악수 악]

④ 무리(group·crowd) – 사람이나 동물·식물·사물 따위가 어떤 관계로 여럿이 모여서 이룬 한 동아리나 한곳에 모여 있는 떼.

교양코너 – 역사 지식

이씨 조선(李氏朝鮮) **요약사**(要約史)

고려시대(高麗時代) 말기에 위화도(威化島)의 회군(回軍)에서 중앙 정계의 실권자(實權者)가 된 이성계(李成桂)는 정치의 지도권을 장악하여 고려왕조(高麗王朝)의 구세력을 몰아내고 1392년에 왕위(王位)에 올라 국호(國號)를 조선(朝鮮)이라고 고쳤다. 태조(太祖)가 된 이성계(李成桂)는 (1)불교(佛敎) 대신 유교(儒敎)를 정치 교육의 근본이념(根本理念)으로 삼았고, (2)명(明)나라에 대해서는 사대정책(事大政策)을 썼다. 그러나 건국(建國) 직후 왕위계승권(王位繼承權)을 둘러싸고 왕자(王子)의 난(亂)이 일어났으며 이때 승리를 거둔 방원(芳遠 : 3대 太宗)이 왕위에 오르고 정무(政務)에 힘썼으며, 4대 세종(世宗)에 의한 찬란한 민족 문화 형성과 7대 세조(世祖)·9대 성종(成宗)의 눈부신 치적(治績)으로 말미암아 중앙 집권적인 정치 체제를 이루었다.

- 사대정책(事大政策) : 약자(弱者)가 강자(強者)에게 복종하며 섬기는 정치적 방책. 자주성 (自主性)이 없는 나라가 세력이 강대한 나라에 붙좇아서 존립을 유지하는 정책.
- 치적(治績) : 임금(王)이나 정치 지도자가 고을이나 나라를 잘 다스린 공적(功績).
- 존립(存立) : 국가를 지키며 존재케 하는, 생존하며 자립하는.

Ⅲ

철학
哲學

"지혜(智慧)를 벗으로 삼으면 자연과 삶이 아름답게 보인다."

철학(哲學)은 인류의 역사(歷史)와 함께 발전된 학문(學問)으로
그 어원(語源)은 사랑한다는 뜻인 philos와 지식을 뜻하는
sophia가 합성(合成)된 언어로 지식(知識)과 지혜(智慧)에 대한
뜨거운 사랑이 곧 철학을 하는 정신의 근본이다.
따라서 철학의 뜻은 인간과 세계에 대한 근본 원리와
삶의 본질(本質)을 가르쳐주고 있다.

※ 참고문헌 : 參考文獻〈서울大學校出版部〉. 1997年〉

「제Ⅲ 철학」편의 여백(餘白)에는 철학과 관련하여
위대한 철학자(哲學者)를 소개하고 삶에 중요한
행복(幸福) 조건(條件)을 추가로 수록하였다.

01

> 개인(個人)의 진정한 독립(獨立)은 세습(世襲)이나 전통적인 사고(思考)에 기대지 않고 스스로 사회의 표면(表面)에 나설 때 비로소 가능(可能)하다.

요점 이해

개인의 진정한 독립은 그냥 물려받는 것이 아니고 자신의 적극적인 사회활동을 통하여 스스로 이룩하는 것이다.

어휘 · 용어 풀이

❶ 개인(個人, an individual) – 단체나 집단·국가에 대하여 그것을 구성하는 개별적인 사람, 낱낱의 사람.

  • 個[낱 개·하나 개·개 개·명(名) 개·사람 개] • 人[사람 인·인간 인·다른사람 인·어른 인·성인(成人) 인]

❷ 진정한(眞正~, real · true · genuine) – 참되고 바른, 거짓이 없고 마음이 순수한.

  • 眞(참 진·진리 진·진실 진·본성 진·본질 진·참될 진) • 正(바를 정·정당할 정·바람직할 정·정직할 정)

❸ 독립(獨立, independence · self-support) – 남에게 의지하지 않는, 다른 것에 속박되거나 지배를 받지 않는.

• 獨(홀로 독·혼자 독·어찌 독·다만 독·홀몸 독) • 立[설 립(입)·멈추어설 립(입)·똑바로설 립(입)·확고히설 립(입)]

❹ 세습(世襲, transmission by heredity·descent) – 그 집에 딸린 신분·재산·지위 따위를 대대로 물려받는.

• 世(인간 세·일생 세·생애 세·세대 세·시대 세) • 襲[엄습(갑자기 습격하는)할 습·인습(因襲, 예전의 풍습을 그대로 따라하는)할 습]

❺ 전통적(傳統的, traditional) – 지난 세대(世代)부터 대대로 계통을 이루어 전해지게 되는 것.

• 傳(전할 전·펼 전·전해내려올 전) • 統(거느릴 통·합칠 통·계통 통) • 的(과녁 적·목표 적·~의 적)

❻ 사고(思考, thinking) – 생각하고 궁리하는, 두뇌의 작용으로 판단하고 추리(推理)하는.

• 思(생각 사·심정 사·정서 사·뜻 사·마음 사) • 考(생각할 고·깊이헤아릴 고·살펴볼 고·장수할 고)

❼ 기대다[lean on(upon)·rely on(upon)·lean against] – 부모님이나 남의 힘에 희망을 걸고 의지하거나 살아가는, 어떤 정신에 의지하는.

❽ 사회(社會, society·the community) – 자연적 또는 인위적으로 서로 모여 공동생활하는 집단.

• 社(모일 사·제사지낼 사·땅귀신 사·모임 사) • 會(모일 회·모을 회·만날 회·집회 회·통계낼 회)

❾ 표면(表面, the surface·the outside) – 사물이나 범위·공간의 겉면 또는 바깥 면.

• 表(겉 표·거죽 표·겉면 표·바깥 표·도표 표) • 面(낯 면·얼굴 면·표정 면·얼굴빛 면·

겉 면)

❿ 가능(可能, possibility) **– 어떤 일을 할 수 있거나 어떤 일이 될 수 있는.**

• 可(옳을 가·허락할 가·정도 가·가히 가·들어줄 가) • 能(능할 능·능히할수있을 능·기량

능·재능있을 능)

02

고독(孤獨)한 삶과 활동적(活動的)인 삶을 비교하고 선택(選擇)하는 것은 삶의 목표(目標)를 어떻게 영위(營爲)하느냐에 따라 달라진다.

요점 이해

어리석은 자는 외롭고 쓸쓸한 고독의 삶을 선택하지만 지혜로운 자는 욕망과 의욕이 넘치는 활동적인 삶을 추구한다.

어휘·용어 풀이

❶ 고독(孤獨, solitude·loneliness) - 세상에 홀로 떨어져 있듯이 외롭고 쓸쓸한, 도와줄 사람이 없는.

- 孤(외로울 고·의지할데없을 고·멀 고·떨어질 고) • 獨(홀로 독·혼자 독·어찌 독·다만 독·외로운사람 독)

❷ 활동적(活動的, active·energetic) - 일정한 성과를 거두기 위하여 의식적인 동작이나 행동으로 임하는 것.

- 活(살 활·생존할 활·생활 활) • 動(움직일 동·옮길 동·일할 동) • 的(과녁 적·목표 적·~의 적)

❸ 비교(比較, comparison) - 둘 이상의 사물이나 가치·의견 등을 서로 견주고 그 관계를 고찰하는.

- 比(견줄 비·비교할 비·본뜰 비·나란히할 비·겨룰 비) • 較(견줄 교·비교할 교·조금 교·대강 교)

❹ **선택**(選擇, selection·choice·option) – 어떤 기준과 목적에 맞추어 여럿 가운데서 골라 뽑는.
- 選(가릴 선·분간할 선·뽑을 선·고를 선·선거할 선) • 擇(가릴 택·분간할 택·고를 택·뽑을 택)

❺ **목표**(目標, goal·aim·object) – 일정한 목적을 정하고 그대로 나아가는 대상, 이루려는 최후의 결과.
- 目(눈 목·눈빛 목·시력 목·견해 목·안목 목·제목 목) • 標[표(表)할 표·나타날 표·기록할 표·표(標)를 할 표] • 表(표)는 겉으로 나타낸다는 뜻이고, 標(표)는 표지로 삼기 위하여 표를 한다는 뜻임.

❻ **영위**(營爲, management·running) – 일을 꾸려나가는, 사업을 계획하고 관리하며 이익이 발생하도록 운영하는.
- 營(경영할 영·꾀할 영·계획할 영·변명할 영) • 爲(할 위·위할 위·다스릴 위·이루어질 위)

교양코너 – 철학자 소개

피타고라스(Pythagoras, BC 580~BC 500, 고대 그리스 철학자·수학자·사상가)

피타고라스는 대장간에서 모루(쇳덩이)를 망치로 두드릴 때 나오는 음조(音調)가 모루의 크기에 따라 다르고 또 악기의 현(絃)을 뜯을 때 나오는 음조가 현의 길이에 따라 다르다는 사실로부터 여기에 수학적 비율이 있음을 추론(推論)하여 수학적 공식을 표현하였다.

그가 남긴 말은 "모든 사람은 이익(利益)이나 명예(名譽)나 지혜(智慧)를 구하려고 움직인다.", "살아 있는 존재는 영혼(靈魂)을 가지며 이 영혼은 다음 생애에 환생(還生)한다고 믿는다."이다.

- 음조(音調) : 소리의 높낮이와 강약, 빠르고 느린 것 따위의 정도.

- 추론(推論) : 이미 알려진 정보를 근거로 삼아 다른 새로운 정보를 이끌어내는.

03

교육(教育)의 목적은 기능(技能)과 교양(教養)과 건전한 인격(人格)을 갖춘 인간을 육성(育成)하려는 것이며 사회에서 인격적으로 불이익(不利益)을 받지 않도록 하여야 한다.

요점 이해

교육은 지식과 교양과 품성을 갖춘 인간을 길러내어 사회 공동체에서 평등한 이익을 받도록 하는 것이다.

어휘 · 용어 풀이

❶ 교육(教育, education) – 지식 · 교양 · 품성 등을 지니게 하기 위하여 가르쳐 기르거나 이끌어 선량하게 하는.

• 教(가르칠 교 · 본받을 교 · 가르침 교 · ~로하여금 교 · ~하게할 교) • 育(기를 육 · 자랄 육 · 자라게할 육 · 낳을 육)

❷ 목적(目的, purpose · aim · object) – 의지에 의하여 이룩하고 실현하려는 목표나 욕구의 방향.

• 目(눈 목 · 눈빛 목 · 시력 목 · 안목 목 · 제목 목 · 조목 목) • 的[과녁 적 · 참(진실) 적 · 목표 적 · ~의 적]

❸ 기능(技能, skill · talent · ability) – 작업의 능률을 높여주는 기술상의 재능, 이바지하는 객관적인 작용이나 영향.

• 技(재주 기·재능 기·솜씨 기·능력 기·기술 기) • 能(능할 능·능히할수있을 능·기량을보일 능·재능있을 능)

❹ 교양(敎養, culture·refinement) – 인간의 정신 능력의 개발과 원만한 사회생활을 위한 인격 배양.

• 敎(가르칠 교·본받을 교·가르침 교·~로하여금 교·~하게할 교) • 養(기를 양·젖먹일 양·심어가꿀 양·수양할 양)

❺ 건전(健全, healthiness·soundness) – 정신과 마음이 든든하고 온전한, 의지가 확고하고 중용(中庸)을 지키는 상태.

• 健(굳셀 건·건강할 건·튼튼할 건·꿋꿋할 건) • 全[온전할 전·순전(純全)할 전·무사할 전·상처없을 전]

❻ 인격(人格, character·personality) – 사람이 사람으로서의 가치를 갖는 데에 필요한 정신적 자격.

• 人[사람 인·인간 인·다른사람 인·어른 인·성인(成人) 인] • 格(격식 격·법식 격·지위 격·인격 격·품격 격)

❼ 인간(人間, human·man·human being) – 생각하고 말하며 도구를 만들어 사용하고 공동 사회를 이루며 사는 사람.

• 人[사람 인·인간 인·다른사람 인·어른 인·성인(成人) 인] • 間(사이 간·때 간·동안 간·틈새 간·참여할 간)

❽ 육성(育成, upbringing·cultivating) – 사람을 가르쳐 기르는, 동물·품종 등을 길러 자라게 하는.

• 育(기를 육·자랄 육·자라게할 육·낳을 육) • 成[이룰 성·권형(權衡, 저울추와 저울대) 성·완성할 성]

⑨ 사회(社會, society·the community) – 자연적 또는 인위적으로 서로 모여 공동생활하는 집단.

• 社(모일 사·제사지낼 사·땅귀신 사·모임 사) • 會(모일 회·모을 회·만날 회·집회 회·통계낼 회)

⑩ 인격적(人格的, personnel·moral) – 인격에 바탕을 두거나 인격을 원칙으로 하는 것.

⑪ 불이익(不利益, disadvantage) – 물질적으로나 정신적으로 이익이 되지 못하는.

• 不(아닐 불·아니 부·못할 불·없을 불) • 利[이로울 이(리)·유익할 이(리)] • 益(더할 익·이로울 익·유익할 익)

04

국가(國家)는 정의(正義)의 집행자이며 정의의 포괄적인 의미는 질서(秩序)·균제(均齊)·통일(統一)·합법성(合法性)이다.

요점 이해

국가가 실행하는 정의의 정책은 사회의 질서와 분배의 균등과 체계적인 조직과 정당한 규범을 위한 기본 도리이다.

어휘·용어 풀이

❶ 국가(國家, nation·country) – 일정한 영토와 거주하는 다수인으로 구성된 국민과 주권에 의한 통치조직.

- 國[나라 국·국가 국·서울(도읍) 국·세상 국] • 家(집 가·자기집 가·가족 가·집안 가·학자 가)

❷ 정의(正義, justice) – 진리에 맞는 올바른 도리, 시민 사회를 구성하고 유지하기 위한 도리.

- 正(바를 정·정당할 정·바람직할 정·정직할 정) • 義(옳을 의·의로울 의·바를 의·착할 의·순응할 의)

❸ 집행자(執行者, executor) – 법률·명령·재판·처분 따위의 내용을 실제로 처리하거나 실행하는 사람 또는 실행할 직무와 권한을 가

진 사람.

- 執(잡을 집·가질 집·맡아다스릴 집) • 行(다닐 행·갈 행·행할 행) • 者(놈 자·사람 자·곳
자·장소 자)

④ 포괄적(包括的, inclusive·comprehensive) – 관련되는 대상이나 사물·인
물·현상 따위를 어떤 범위나 한계 안에 모두 끌어넣거나 하나
로 합치는 상태 또는 그러한 성질의 것.

- 包(쌀 포·감쌀 포·함께넣을 포·꾸러미 포) • 括(묶을 괄·동여맬 괄·담을 괄) • 的(과녁
적·목표 적·~의 적)

⑤ 의미(意味, meaning) – 모든 표현이 나타내는 내용, 말이나 글의 뜻,
행위나 현상이 지닌 뜻, 사물이나 현상의 가치.

- 意(뜻 의·의미 의·생각 의·사사로운마음 의) • 味(맛 미·기분 미·취향 미·뜻 미·의미
미·맛볼 미)

⑥ 질서(秩序, order) – 사물이나 집단에서의 개인이 혼란 없이 순서
나 차례로 이루어진 상태.

- 秩(차례 질·순서 질·벼슬 질·관직 질·항상 질) • 序[차례 서·학교 서·학당(學堂) 서·담장
서·머리말 서]

⑦ 균제(均齊, evenness) – 균형이 잡히어 고루 가지런한, 균형을 위하
여 중심선이 상하좌우로 같게 배치된.

- 均(고를 균·평평할 균·가지런히할 균·비교할 균) • 齊(가지런할 제·단정할 제·질서
정연할 제)

⑧ 통일(統一, unification) – 사상·조직·체계 등을 하나의 유기적인 통
일체로 되게 하거나 하나로 완전하게 하는.

• 統(거느릴 통·합칠 통·계통 통·줄기 통·모두 통) • 一(한 일·일 일·하나 일·첫째 일·오로지 일·만일 일)

❾ **합법성**(合法性, legality·lawfulness) - 법령이나 규범·이치나 원칙에 일치하는 성질. 행정·통치 행위나 그 과정이 법규나 이론에 어긋나지 않고 적합해야 한다는 이념. 자연·역사·사회의 현상이 일정한 법칙에 따라 일어나는 일.

• 合(합할 합·모을 합·맞을 합·적합할 합) • 法(법 법·방법 법·불교진리 법) • 性(성품 성·성질 성·생명 성)

05

남녀(男女)는 자연적 본능(本能)에서 가족 공동체(共同體)를 이루며 그 공동체를 통하여 욕구(欲求)가 충족되며 나아가 마음과 사회(社會)를 형성한다.

요점 이해

모든 남녀는 가족과 사회의 공동체를 통하여 자기의 삶에 대한 욕구를 충족하려는 본능을 가지고 있다.

어휘·용어 풀이

① **자연적**(自然的, natural·instinctive) - 사람의 손길이 가지 아니한 자연 그대로의 것, 자연법칙에 따르는 것.

• 自(스스로 자·몸소 자·자기 자·저절로 자·자연히 자) • 然(그럴 연·그러하게할 연) • 的(과녁 적·목표 적·~의 적)

② **본능**(本能, instinct) - 후천적인 경험이나 학습에 의하지 않고 선천적으로 가지고 있는 반응과 행동.

• 本(근본 본·뿌리 본·줄기 본·원래 본·근원 본·본디 본) • 能(능할 능·능히할수있을 능·재능있을 능·능력 능)

③ **공동체**(共同體, community) - 개인적인 자유를 인정하지 않고 협동으로 이루어진 사회관계나 집단.

- 共(한가지 공·함께 공·같이 공) • 同(한가지 동·무리 동·함께 동) • 體(몸 체·형상 체·물체 체)

❹ **욕구**(欲求, desire·wants) – 장차 무엇을 얻고자 무슨 일을 하고자 원하고 바라는.

- 欲(하고자할 욕·바랄 욕·하기시작할 욕·욕심 욕) • 求(구할 구·빌 구·청할 구·탐할 구·욕심부릴 구)

❺ **충족**(充足, satisfactoriness) – 물질이나 감정·욕구 따위가 충분하게 차거나 채우는.

- 充(채울 충·가득할 충·완전할 충·갖출 충) • 足(발 족·뿌리 족·근본 족·넉넉할 족·충족할 족)

❻ **사회**(社會, society·community) – 자연적 또는 인위적으로 서로 모여 생활하는 한 떼의 집단.

- 社[모일 사·제사지낼 사·땅귀신 사·단체(모임) 사] • 會(모일 회·모을 회·만날 회·능숙할 회·통계를낼 회)

❼ **형성**(形成, formation) – 어떤 모양이나 형태로 이루어지거나 만들어지는.

- 形(모양 형·꼴 형·형상 형·얼굴 형·형세 형) • 成(이룰 성·균형 성·어른이될 성·완성할 성)

교양코너 – 행복 조건

자신의 존재와 충만한 삶

– 자기가 자신이 무능(無能)하고 무가치(無價値)한 존재(存在)라고 느끼는

그 자극(刺戟)이 곧 자신을 보다 평화롭고 충만(充滿)한 삶으로 안내하는 길잡이다.

- 누구나 삶에서 고통(苦痛)을 피할 수는 없다. 그래서 인간이 하는 모든 노력은 이를 극복(克服)하고 행복을 성취(成就)하는 데 목적을 두고 있다.

06

대인(大人)이나 선비는 천박(淺薄)한 호기심(好奇心)에 흔들리지 않고 오로지 이성(理性)을 통해서만 내적(內的) 가치를 추구(追求)하며 보이지 않는 세계를 상상(想像)한다.

요점 이해

지식과 덕망을 갖춘 대인이나 선비는 논리적으로 생각하고 상상하면서 끊임없이 새로운 세계를 찾아 활동한다.

어휘·용어 풀이

❶ 대인(大人, noble man·a man of virtue) – 훌륭하고 신뢰가 있으며 마음이 넓은 사람, 성인(聖人) 다음가는 사람.

* 성인(聖人) : 사리(事理)에 통달하고 덕과 지혜가 뛰어나 우러러 받들며 만인의 스승이 될 만한 사람을 뜻함.

• 大(큰 대·클 대·심할 대·존귀할 대·훌륭할 대) • 人[사람 인·인간 인·다른사람 인·어른 인·성인(成人) 인]

❷ 선비(a gentleman scholar) – 학식은 있으나 벼슬하지 않은 사람, 학문을 닦는 사람.

* 예전에 학식이 있고 행동과 예절이 바르며 의리와 원칙을 지키고 관직과 재물을 탐내지 않는 인품을 지닌 사람을 뜻함.

❸ 천박(淺薄, shallowness) – 배움이 부족하여 학문이나 생각이 얕거나 말과 행동이 상스러운.

- 淺(얕을 천·엷을 천·부족할 천·미숙할 천) • 薄(엷을 박·얇을 박·적을 박·야박할 박·맛없을 박)

❹ 호기심(好奇心, curiosity) – 새롭고 기이(奇異)한 것에 대하여 좋아하며 끌리는 마음.

- 好(좋을 호·사이좋을 호·사랑할 호) • 奇(기특할 기·기이할 기·괴상할 기) • 心(마음 심·뜻 심·생각 심)

❺ 이성(理性, reason) – 본능이나 감성적 충동에 의하지 않고 사람의 논리에 의해 두루 생각하는 능력.

- 理[다스릴 리(이)·수선할 리(이)·깨달을 리(이)·이치 리(이)] • 性(성품 성·천성 성·바탕 성·성질 성·본질 성)

❻ 내적(內的, inner·internal) – 내부에 관한 것, 정신이나 마음의 작용에 관계되는 것.

- 內(안 내·속 내·대궐 내·뱃속 내·아내 내) • 的[과녁 적·참(진실) 적·목표적·~의 적]

❼ 가치(價値, worth·value) – 사물이 지니고 있는 의의(意義)나 중요성, 인간의 욕구나 관심의 대상이 되는 성질.

- 價(값 가·가격 가·값어치 가·명성 가·평판 가) • 値(값 치·가격 치·값어치 치·걸맞을 치·당할 치)

❽ 추구(追求, pursuit) – 끈질기게 뒤좇아 다니며 애써 구하는, 목적을 이루고자 끝까지 좇아 구하는.

- 追(좇을 추·이룰 추·잇닿을 추·구할 추·부를 추) • 求(구할 구·빌 구·청할 구·탐할 구·모

을 구·취할 구)

❾ 세계(世界, the world) **– 온 세상, 지구상의 모든 나라, 지구상의 인류 사회 전체.**

• 世(인간 세·일생 세·생애 세·세대 세·시대 세) • 界(지경 계·경계 계·둘레 계·한계 계·세계 계)

❿ 상상(想像, imagination·fancy) **– 어떤 사물이나 현상에 관하여 마음 속에 그려보거나 남의 마음을 미루어 생각하는.**

• 想(생각 상·생각할 상·사색할 상·그리워할 상) • 像(모양 상·형상 상·본뜰 상·법식 상·양식 상)

07

도량(度量)은 귀족(貴族)의 미덕(美德)이다. 도량이 과도(過度)하면 자기미화(自己美化)가 되고 도량이 부족(不足)하면 자기비하(自己卑下)가 된다.

요점 이해

너그러운 품성을 갖춘 도량 있는 사람은 자기의 인품에 대하여 항상 겸손하다.

어휘·용어 풀이

❶ 도량(度量, generosity) – 사물을 너그럽게 용납하여 처리할 수 있는 넓은 마음과 깊은 생각.

- 度(법도 도·법 도·자 도·도구 도·도수 도·거듭 도) • 量[헤아릴 량(양)·추측할 량(양)·분량 량(양)]

❷ 귀족(貴族, the nobility) – 혈통·문벌(門閥)·재산 등에 의하여 일반 평민과 달리 사회적 특권을 가진 사람.

* 문벌(門閥) : 대대로 내려오는 그 집안의 사회적 신분이나 지위를 뜻함.

- 貴(귀할 귀·신분높을 귀·귀중할 귀·공경할 귀) • 族(겨레 족·일가 족·친족 족·무리 족·떼를질 족)

❸ 미덕(美德, virtue) – 아름답고 착하며 장한 덕행, 어질고 너그러

운 행실.

- 美(아름다울 미·맛이좋을 미·경사스러울 미·좋을 미) • 德(큰 덕·덕으로여길 덕·베풀 덕·고맙게생각할 덕)

❹ **과도**(過度, excess) – 언행이나 감정·마음 따위가 일정한 정도를 지나는 또는 심한 정도.

- 過(지날 과·경과할 과·초과할 과·지나칠 과) • 度(법도 도·법 도·자 도·도구 도·도수 도·거듭 도)

❺ **자기미화**(自己美化, self-beautification) – 자신의 언행(言行)을 아름답게 꾸미는 일, 자기의 능력을 과대평가(過大評價)하는.

- 自(스스로 자·몸소 자·자기 자·저절로 자) • 己(몸 기·자기 기·자아 기·여섯째천간 기)
- 美(아름다울 미·맛이좋을 미·경사스러울 미·좋을 미) • 化(될 화·화할 화·교화할 화·변천할 화·달라질 화)

❻ **부족**(不足, insufficiency) – 필요한 양이나 한계에 미치지 못하고 모자라는. 넉넉하지 못한. 마음에 차지 않는.

- 不(아니 불·아닐 부·못할 불·없을 불·말 불) • 足(발 족·뿌리 족·근본 족·넉넉할 족·충족할 족)

❼ **자기비하**(自己卑下, self-downing) – 자기 자신을 낮추는, 자기의 능력을 과소평가(過小評價)하는.

- 自(스스로 자·몸소 자·자기 자·저절로 자) • 己(몸 기·자기 기·자아 기·여섯째천간 기)
- 卑(낮을 비·낮출 비·겸손할 비·천할 비) • 下(아래 하·밑 하·뒤 하·끝 하)

교양코너 – 행복 조건

일상에서 행복을 위한 실천

일상(日常)에서 행복하고 싶다면 육체적인 운동(運動)을 하라. 좋은 일을
찾아서 하라. 미소(微笑)와 대화(對話)로 친절을 베풀고 문제를 해결(解決)하
라. 그리고 지속적인 취미(趣味) 생활을 실천하라.

08

모든 인간(人間)은 존엄(尊嚴)하고 귀중한 존재다. 그러므로 어떠한 사람의 소망(所望)과 욕구(欲求)도 공정하게 충족(充足)되어야 한다.

요점 이해

모든 생명이 귀중한 만큼 어떤 사람이든 그 존재와 인품이 공정하게 충족되어야 한다.

어휘·용어 풀이

❶ 인간(人間, human·man·human being) – 생각하고 말하며 도구를 만들어 사용하고 공동 사회를 이루며 사는 사람.

　• 人[사람 인·인간 인·다른사람 인·어른 인·성인(成人) 인] • 間(사이 간·때 간·동안 간·틈새 간·참여할 간)

❷ 존엄(尊嚴, dignity) – 예전에 임금이나 오늘날의 국가 지도자 같이 인품이나 지위가 높고 엄숙한.

　• 尊(높을 존·높일 존·공경할 존·소중히생각할 존) • 嚴(엄할 엄·혹독할 엄·엄격할 엄·존경할 엄)

❸ 귀중(貴重, preciousness) – 값어치가 높은 보석이나 생명·인물 따위와 같이 진귀하고 중요한.

• 貴(귀할 귀·신분이높을 귀·중요할 귀·귀중할 귀·공경할 귀) • 重(무거울 중·소중할 중·귀

중할 중·거듭 중·삼갈 중)

❹ 존재(存在, existence) – 사물·건물·자연·인물 등의 어떤 대상이 현

재 실제로 있는.

• 存(있을 존·존재할 존·살아있을 존·문안할 존) • 在(있을 재·존재할 재·찾을 재·안부

를물을 재)

❺ 소망(所望, wish·desire) – 무엇인가를 마음속으로 간절히 바라는 바

또는 기대하는 바.

• 所[바(일의 방법이나 방도) 소·것 소·곳 소·처소 소] • 望(바랄 망·기다릴 망·기대할 망·

그리워할 망)

❻ 욕구(欲求, desire·wants) – 무엇을 얻고자 무슨 일을 하고자 원하고

바라는.

• 欲(하고자할 욕·바랄 욕·하기시작할 욕·욕심 욕) • 求(구할 구·빌 구·청할 구·탐할 구·욕

심부릴 구)

❼ 공정(公正, equity·impartiality) – 어느 한쪽으로 치우치지 않고 올바

른, 정의롭고 사사로움이 없는.

• 公(공평할 공·공변될 공·함께할 공·귀인 공) • 正(바를 정·정당할 정·바람직할 정·정

직할 정)

❽ 충족(充足, satisfactoriness) – 물질이나 감정·욕구 따위가 충분하게

차거나 채우는.

• 充(채울 충·가득할 충·완전할 충·갖출 충·채울 충) • 足(발 족·뿌리 족·근본 족·넉넉할

족·충족할 족)

교양코너 – 행복 조건

배움과 지식의 가치

- 배움과 지식(知識)의 발전은 과거의 틀에서 벗어나 불확실(不確實)한 미래를 내다보며 걱정을 줄여주는 최선(最善)의 방법이다.

- 우리는 결핍(缺乏)을 느끼는 습관(習慣)과 문화(文化)에 살고 있다. 그래서 어디를 가든지 '더욱 더 노력해야 해', '더 나은 사람이 되어야 해'라는 말을 흔하게 듣는다.

 * 결핍(缺乏) : 정신적인 능력이나 물질적인 수량 등 있어야 할 어떤 것이 충분하지 못하거나 모자라는.

09

물질적(物質的) 소득(所得)도 이익이 되지만 더 가치(價值) 있
는 이익은 정신(精神)의 슬기로움과 인간적(人間的)인 아름다
움을 가꾸어가면서 산다는 것이다.

요점 이해

인간은 사물의 이치를 올바르게 깨닫고 시비와 선악을 가리며
아름다움을 추구하는 존재이다.

어휘 · 용어 풀이

❶ 물질적(物質的, material) – 공간을 차지하고 있는 물체의 본바탕인
물질에 관련된 것, 정신보다 금전 따위의 물질에 치중하는 것.

• 物(물건 물·만물 물·사물 물·일 물) • 質(바탕 질·본질 질·성질 질) • 的(과녁 적·목표
적·~의 적)

❷ 소득(所得, income) – 개인이나 법인(사업체)이 일정한 경제 활동으로
받는 보수나 수입이 되는 이익.

• 所[바(방법이나 방도) 소·것 소·곳 소·처소 소] • 得(얻을 득·손에넣을 득·만족할 득·
깨달을 득)

❸ 이익(利益, profit · gains) – 이롭고 도움이 되는 일, 장사나 사업에서
수입이 생기는 일, 물질적으로 보탬이 되는 일.

• 利[이로울 이(리)·이득될 이(리)·날카로울 이(리)] • 益(더할 익·이로울 익·유익할 익·넉넉해질 익)

❹ **가치**(價値, worth·value) – 사물이 지니고 있는 의의(意義)나 중요성, 인간의 욕구나 관심의 대상이 되는 성질.

• 價(값 가·가격 가·값어치 가·명성 가·평판 가) • 値(값 치·가격 치·값어치 치·걸맞을 치·당(當)할 치)

❺ **정신**(精神, spirit·soul) – 사물을 보고 느끼고 생각하며 판단하는 능력, 육체나 물질에 대한 영혼이나 마음.

• 精(정할 정·깨끗할 정·정성스러울 정·찧을 정) • 神(귀신 신·신령 신·정신 신·혼 신·마음 신)

❻ **인간적**(人間的, humane) – 사람다운 것, 개인적인 성격이나 인격·감정에 관련되는 것, 인간성이 있는 것.

• 人(사람 인·인간 인·다른사람 인·성인 인) • 間(사이 간·때 간·동안 간) • 的(과녁 적·목표 적·~의 적)

교양코너 – 철학자 소개

플라톤(Platon, BC 427~BC 347, 고대(古代) 그리스 철학자)

플라톤은 소크라테스의 제자로 균형 잡힌 삶이나 정의(正義)로운 국가를 구성하는 것이 무엇인가에 대한 문제를 검토하고 정의롭고 사색적(思索的)인 인생을 삶으로써 철학자는 그런 완전한 형상에 대한 의식(意識)을 얻을 수 있다고 말했다.

그는 인간의 영혼(靈魂)은 다음과 같은 3가지 요소가 균형이 잡힌 마음이라고 하였다.

① 기본적 욕구들을 만족시키려는 욕망(欲望)의 측면,

② 용기와 같은 자질(資質)로 대표되는 기개(氣槪)의 측면,

③ 이성(理性)과 지혜로 사물을 분별하려는 이지(理智)의 측면.

그리고 그는 세속적(世俗的)인 유혹들을 피하도록 훈련시킴으로써 정의로운 통치자(統治者)를 얻을 수 있다고 하였다.

10

사람이 알면 알수록 의문(疑問)의 반경(半徑)이 커지고, 사람
이 자라면 자랄수록 사회적(社會的) 책임(責任)이 커진다.

요점 이해

사람은 호기심과 의문으로 세상을 탐구하며 동시에 사회나 국
가에 대한 법적, 도덕적 책임을 갖는다.

어휘·용어 풀이

❶ 의문(疑問, question·interrogation) - 어떤 문제나 사실, 말이나 행동을
의심스럽게 생각하는.

• 疑(의심할 의·믿지아니할 의·미혹될 의) • 問[물을 문·문초(問招)할 문·방문할 문]

❷ 반경(半徑, radius·semidiameter) - 둥근 원이나 공의 중심점과 구면상
의 점에 이르는 선분.

• 半[반 반·절반 반·가운데 반·절정(絶頂) 반·조각 반] • 徑(지름길 경·질러가는길 경·직경
경·바로갈 경)

❸ 사회적(社會的, social) - 사람들이 모여 공동생활을 하는 사회에 관
계되거나 사회성을 지닌 것.

• 社[모일 사·제사지낼 사·단체(모임) 사] • 會(모일 회·모을 회·만날 회) • 的(과녁 적·목

표 적 · ~의 적)

④ 책임(責任, responsibility) – 어떤 일에 대하여 맡겨진 의무나 임무. 발생한 어떤 사태에 대한 원인을 규정할 수 있는 행위나 법적·도덕적 부담.

• 責(꾸짖을 책·책망할 책·요구할 책·재촉할 책) • 任(맡길 임·줄 임·능할 임·잘할 임·임신할 임)

교양코너 – 철학자 소개

아리스토텔레스(Aristoteles, BC 384~BC 322, 고대(古代) 그리스 철학자)

아리스토텔레스는 고대(古代)에 있어서 최대의 학문적(學問的) 체계를 세운 학파(學派)로서 물리학·형이상학(形而上學)·생물학·논리학·기상학·천문학·심리학·문학분석·윤리학·정치학에 대한 글을 쓰며 전 분야 학문을 개척하였다.

그는 형이상학에서 존재의 근본 원리를 탐구(探究)하여 모든 사물은 질료(質料)와 형상(形像)으로 이루어진 '실체(實體)'를 갖고 있다는 결론을 내렸다. 윤리학을 통해서는 "현명한 사람은 중용(中庸)을 통하여 진정한 행복을 찾는다."라는 말을 했다.

• 형이상학(形而上學) : '모양을 갖고 있지 않은 것'이라는 뜻으로 이성적(理性的)인 사유(思惟)나 독특한 직관(直觀)에 의해서만이 인식하는 것에 관한 학문. 형이하학(形而下學)의 반대임.

* 형이하학은 모양을 갖고 있는 물체와 물질로 물리학·동물학·식물학 같이 현상을 대상으로 하는 학문을 뜻함

• 질료(質料) : 형식을 갖춤으로써 비로소 실체(實體)로서 실현되는 소재(素材).

11

아이들에게 소화(消化)할 수 없는 지식(知識)을 구겨 넣는 것은 지식에 대한 혐오감(嫌惡感)을 느끼게 하고 정신적(精神的)인 능력을 병들게 만든다.

요점 이해

학습자의 수준을 무시한 비합리적인 지식 교육은 정신적으로 고통을 주며 나아가 학습 능력을 떨어뜨린다.

어휘 · 용어 풀이

❶ 소화(消化, digestion) – 지식이나 기술 따위를 배워 충분히 이해가 되어서 자기의 것으로 만드는.

• 消(사라질 소 · 삭일 소 · 없앨 소 · 녹일 소 · 소모할 소) • 化(될 화 · 화할 화 · 교화할 화 · 변천할 화 · 달라질 화)

❷ 지식(知識, knowledge) – 어떤 대상을 연구하거나 배우거나 실천을 통해서 얻은 명확한 인식이나 이해.

• 知(알 지 · 알릴 지 · 나타낼 지 · 맡을 지 · 주관할 지) • 識(알 식 · 지식 식 · 식견 식 · 기록할 지 · 깃발 치)

❸ 혐오감(嫌惡感, hatred · detestability · disgust) – 병적으로 싫어하고 미워하는 감정. * 혐오증(嫌惡症) : 혐오감을 일으키는 증세.

• 嫌(싫어할 혐·미워할 혐·의심할 혐·미움 혐) • 惡(미워할 오·헐뜯을 오·싫어할 오·악할 악·나쁠 악) • 感(느낄 감·감응할 감·감동할 감·깨달을 감) • 症[증세 증·증상 증·어혈(瘀血, 살 속에 맺힌 피) 징]

❹ **정신적**(精神的, moral·mental) – 생각이나 감정을 지배하는 마음의 능력인 정신분야에 관계되는 것.

• 精(정할 정·깨끗할 정·정성스러울 정) • 神(귀신 신·신령 신·정신 신) • 的(과녁 적·목표 적·~의 적)

❺ **능력**(能力, ability·capacity) – 어떤 일을 감당해 낼 수 있는 힘, 어떤 일에 대하여 요구되는 자격.

• 能(능할 능·능히할수있는 능·기량보일 능·재능 능) • 力(힘 력·하인 력·일꾼 력·군사 력·병사 력·힘쓸 력)

교양코너 – 철학자 소개

아르키메데스(Archimedes, BC 287?~BC 212, 고대(古代) 그리스 수학자·물리학자)

아르키메데스는 역사상 가장 위대한 수학자(數學者)로서 '아르키메데스의 원리'를 밝혔으며 물리학, 천문학에 관한 연구와 더불어 실용적(實用的)인 공학(工學)에도 관여하여 나선식 펌프와 같은 유용한 발명품(發明品)을 개발하였다. 물로 채워진 욕조(浴槽)에 물체를 넣으면 그것의 부피에 해당하는 물을 밀어낸다는 사실을 알아내어 왕관(王冠)의 부피를 확인하여 무게·밀도·순도(純度)까지 계산할 수 있었다. 그는 원(圓)의 반지름의 제곱에 파이(π)를 곱하여 원의 면적을 계산하였고, 우주에 대한 태양중심설(太陽中心說)을 이용하여 우주에 있는 모래알들의 수를 어림잡았다.

12

우주(宇宙)는 자연(自然)과 영혼(靈魂)으로 구성되어 있으며 자연에는 비열(卑劣)한 현상(現象)이 전혀 없다. 그러므로 인간은 호기심(好奇心)을 갖고 자연을 탐구(探究)한다.

요점 이해

우주와 자연은 무한한 신비의 세계이다. 그러므로 인간은 호기심을 갖고 그 세계를 끊임없이 도전하고 탐구한다.

어휘·용어 풀이

❶ **우주**(宇宙, the universe·the cosmos) – 모든 천체(天體)와 물질과 그 변화를 포함하고 있는 공간.

- 宇[집 우·천하(천지 사방의 모든 공간을 뜻함) 우] · 宙[집 주·무한한시간(과거부터 현재까지의 모든 시간을 뜻함) 주]

❷ **자연**(自然, nature) – 우주와 함께 처음부터 저절로 그렇게 되어 있는 모양, 천연 그대로의 모든 존재.

- 自(스스로 자·몸소 자·자기 자·저절로 자·자연히 자) · 然(그러할 연·틀림없을 연·분명할 연·불탈 연)

❸ **영혼**(靈魂, the spirit·the soul) – 죽은 사람의 넋, 사람의 모든 정신적 활동의 근원이 되는 실체.

• 靈[신령 영(령)·영혼 영(령)·귀신 영(령)] • 魂[넋(정신이나 마음) 혼·생각 혼·사물의모양 혼]

❹ **구성**(構成, formation·constitution) – 몇 개의 부분이나 요소들을 합치거나 결합시켜 무엇을 만드는.

• 構(얽을 구·생각을얽어짜낼 구·집을지을 구) • 成(이룰 성·균형 성·어른이될 성·완성할 성)

❺ **비열한**(卑劣~·鄙劣~, meanness·nasty·dirty) – 사람이 하는 짓이나 성품이 옹졸하고 천하며 서투른.

• 卑(낮을 비·낮출 비·천할 비) • 劣[못할 열(렬)·졸렬할 열(렬)] • 鄙(더러울 비·천할비·속될 비)

❻ **현상**(現象, phenomenon) – 관찰될 수 있는 모든 사실, 인간이 지각(知覺)할 수 있는 사물의 모양과 상태.

• 現(나타날 현·드러낼 현·실재 현·지금 현) • 象(코끼리 상·꼴 상·모양 상·형상 상·조짐 상)

❼ **인간**(人間, human·man·human being) – 생각하고 말하며 도구를 만들어 사용하고 공동 사회를 이루며 사는 사람.

• 人[사람 인·인간 인·다른사람 인·어른 인·성인(成人) 인] • 間(사이 간·때 간·동안 간·틈 간)

❽ **호기심**(好奇心, curiosity) – 새롭고 기이한 것을 좋아하는, 모르는 것을 알고 싶어 하는 마음.

• 好(좋을 호·사이좋을 호·좋아할 호) • 奇(기특할 기·기이할 기) • 心(마음 심·의지 심·생각 심)

❾ **탐구**(探究, inquiry·research) – 진리나 과학 따위를 더듬어 파고들어 깊이 연구하는.

• 探(찾을 탐·더듬어찾을 탐·엿볼 탐·연구할 탐) • 究[연구할 구·궁구(끝까지 파고들어 깊게 연구하는)할 구]

13

인간(人間)에 대한 사랑은 자기(自己)에 대한 애착(愛着)으로 부터 생기고 자연(自然)에 대한 사랑으로 확대된다.

으점 이해

인간은 자신뿐만 아니라 자연에 존재하는 모든 대상을 태어날 때부터 본능적으로 사랑한다.

어휘·용어 풀이

❶ 인간(人間, human·man·human being) – 생각하고 말하며 도구를 만들어 사용하고 공동생활을 이루며 사는 사람.

　• 人[사람 인·인간 인·다른사람 인·어른 인·성인(成人) 인] • 間(사이 간·때 간·동안 간·틈 간)

❷ 사랑(love·affection) – 이성(異性)에 끌리어 몹시 그리워하는 마음. 어떤 사물이나 인물·대상을 즐기거나 좋아하거나 중히 여기어 정성과 힘을 다하는 마음.

❸ 자기[自己, one's own·oneself·my(your·his·her) self)] – '나', '저'의 뜻으로 말할 때 행위의 주체인 본인을 가리키는.

　• 自(스스로 자·몸소 자·자기 자·저절로 자·자연히 자) • 己[몸 기·자기 기·자아(自我) 기·

❹ 애착(愛着, attachment) – 어떤 사물이나 인물·활동 따위에 사랑을 느껴 그것에 끌려서 떨어지지 않는 마음.

• 愛[사랑 애·자애 애·인정 애·탐욕 애·사모(思慕)할 애] • 着(붙을 착·입을 착·머리에쓸 착·다다를 착·나타날 저)

❺ 자연(自然, nature) – 우주와 함께 처음부터 저절로 그렇게 되어 있는 모양, 천연 그대로의 모든 존재.

• 自(스스로 자·몸소 자·자기 자·저절로 자·자연히 자) • 然(그러할 연·틀림없을 연·분명할 연·불탈 연)

교양코너 – 철학자 소개

벤저민 프랭클린(Benjamin Franklin, 1706~1790년, 미국 정치인·과학자)

벤저민 프랭클린은 10세에 학교 교육을 마치고 형(兄) 밑에서 인쇄 견습공(見習工)으로 일을 하다가 출판업자를 거쳐 신문 편집인이 된 18세기의 박학다식(博學多識)한 인물이다.

그는 모든 사업에서 성공하여 과학 실험과 발명(發明)에 도전(挑戰)할 수 있었고 전기(電氣)를 연구하면서 연을 하늘에 띄워 구름에 있는 전하(電荷)를 모음으로써 번개가 전기를 띠고 있다는 사실을 입증(立證)하고 오늘날 사용하는 피뢰침(避雷針)을 발명하였다.

그는 "오직 덕(德)을 갖춘 시민만이 나라를 유지(維持)하고 행복을 이룰 수 있다.", "남의 조언(助言)을 듣지 않는 자는 아무 도움을 받을 수 없다."라는 메시지를 남겼다.

- 박학다식(博學多識) : 학식이 넓어 학문에 정통하며 지식이나 식견이 많은.

- 전하(電荷) : 전기 현상의 근원이 되는 실체로 물체가 띠고 있는 정전기(靜電氣)의 양.

- 피뢰침(避雷針) : 벼락의 피해를 막기 위하여 건물의 가장 높은 곳에 세우는 끝이 뾰족한 금

  속 막대기로 비구름이 띠고 있는 전기를 끌어모아 땅속으로 방전시키는 역할을 함.

14

인간(人間)은 보다 나은 것, 보다 아름다운 것, 보다 선(善)한 것을 추구(追求)하면서 생활하는 데서 가치(價値)를 인식(認識)하고 획득(獲得)한다.

요점 이해

인간은 착하고 훌륭한 생활을 통하여 보다 가치 있는 삶을 깨닫는다.

어휘·용어 풀이

❶ 인간(人間, human·man·human being) - 생각하고 말하며 도구를 만들어 사용하고 공동생활을 이루며 사는 사람.

• 人[사람 인·인간 인·다른사람 인·어른 인·성인(成人) 인] · 間(사이 간·때 간·동안 간·틈 간)

❷ 선(善, good·goodness) - 착하고 올바르고 어질고 좋은. 양심(良心)이 있고 도덕(道德)을 갖추며 올바른 도리인 정의(正義)를 따르는.

• 善[착할 선·좋을 선·훌륭할 선·잘할(도덕적 기준에 맞는 것) 선]

❸ 추구(追求, pursuit) - 끈질기게 뒤좇아 다니며 애써 구하는, 목적을 이루고자 끝까지 좇아 구하는.

• 追(좇을 추·이룰 추·잇닿을 추·구할 추·부를 추) · 求(구할 구·빌 구·청할 구·탐할 구·모

을 구·취할 구)

❹ 생활(生活, life) – 사람이나 생물체가 살아서 활동하는, 어떤 조직
체에서 구성원으로 활동하는.

• 生(날 생·낳을 생·살 생·기를 생·싱싱할 생·백성 생) • 活(살 활·생존할 활·태어날 활·생기있
을 활)

❺ 가치(價值, worth·value) – 사물이 지니고 있는 의의(意義)나 중요성,
인간의 욕구나 관심의 대상이 되는 성질.

• 價(값 가·가격 가·값어치 가·명성 가·평판 가) • 值(값 치·가격 치·값어치 치·걸맞을
치·당(當)할 치)

❻ 인식(認識, recognition) – 어떤 사항에 관하여 분명히 알거나 그 뜻
을 바르게 이해하는 일.

• 認(알 인·인식할 인·인정할 인·허가할 인) • 識(알 식·지식 식·식견 식·기록할 지·깃
발 치)

❼ 획득(獲得, acquirement) – 사냥으로 짐승을 잡아 손에 쥐듯이 무엇
을 얻어내거나 얻어서 갖는.

• 獲(얻을 획·과녁에맞힐 획·사냥하여잡을 획) • 得(얻을 득·손에넣을 득·만족할 득·깨
달을 득)

교양코너 – 행복 조건

실망에서 벗어나는 실천

- 인생은 언제나 실망(失望)스러운 일로 가득하다. 그러나 그것은 사소(些
少)한 일이므로 그 원인을 규명(糾明)하고 적절(適切)히 이해하면 비관적

(悲觀的)인 생각에서 쉽게 벗어날 수 있다.

- 인간은 생존(生存) 본능(本能)을 지닌 동물이다. 그러므로 자신을 하나의 개체(個體)로 인식(認識)하고 자아(自我)를 구축(構築)할 때 진정한 '나'를 경험하게 된다.

15

인간(人間)은 의식(意識)있는 공동생활을 하므로 문화(文化)를 갖게 되고, 언어(言語)가 있어 역사(歷史)를 남기며, 지적(知的) 능력이 있어 문명(文明)을 창조(創造)한다.

요점 이해

인간은 서로 돕는 공동생활과 시민사회를 통하여 문명을 발전시키며 지식과 역사를 창조한다.

어휘·용어 풀이

❶ 인간(人間, human·man·human being) - 생각하고 말하며 도구를 만들어 사용하고 공동생활을 이루며 사는 사람.

　• 人[사람 인·인간 인·다른사람 인·어른 인·성인(成人) 인] • 間(사이 간·때 간·동안 간·틈 간)

❷ 의식(意識, consciousness) - 뚜렷한 기억과 정신으로 무엇을 알아서 깨닫는 또는 그 능력.

　• 意(뜻 의·의미 의·생각 의·사사로운마음 의) • 識(알 식·지식 식·식견 식·기록할 식)

❸ 공동생활(共同生活, communal life) - 본능적으로 여러 사람들이 일정한 시간과 공간에 모여 서로 협력하며 사는 생활.

　• 共(한가지 공·함께할 공) • 同(한가지 동·함께 동) • 生(날 생·낳을 생·살 생) • 活(살

활·생존할 활)

❹ 문화(文化, culture) – 인류가 이루어 놓은 언어·풍습·종교·학문·예술 등의 성과나 생활의 총체.

• 文[글월 문·문장 문·글 문·문서 문·무늬 문·법도(法度, 생활상의 예법과 제도) 문] • 化(될 화·화할 화·교화할 화·변천할 화)

❺ 언어(言語, language·words) – 음성이나 문자를 통하여 사람의 사상(思想)·감정·의지 따위를 표현·전달하는 행위.

• 言(말씀 언·견해 언·의견 언·글 언·언론 언) • 語(말씀 어·말 어·이야기 어·말할 어·알릴 어)

❻ 역사(歷史, history) – 과거에 일어난 일이나 그것에 대한 기록과 서술. 인류가 과거에 행하여 온 일로서 특히 발전하여 온 과정.

• 歷(지날 역·겪을 역·세월보낼 역·책력 역) • 史[사기(史記) 사·역사 사·사관(임금님의 말씀 기록자) 사]

❼ 지적(知的, intellectual) – 지식이나 지성(知性)에 관한 것. 지식의 능력을 필요로 하는 것.

• 知(알 지·알릴 지·알게할 지·맡을 지·주관할 지) • 的(과녁 적·참 적·진실 적·목표 적·~의 적)

❽ 능력(能力, ability·capacity) – 어떤 일을 감당해 낼 수 있는 힘, 어떤 일에 대하여 요구되는 자격.

• 能(능할 능·능히할수있을 능·재능있을 능) • 力(힘 력·하인 력·일꾼 력·군사 력·힘쓸 력)

❾ 문명(文明, civilization) – 전혀 발달되지 않은 자연 그대로의 원시적(原始的) 생활에서 벗어나 인류가 이룩한 정신적·물질적으로 발

전된 상태.

- 文[글월 문·문장 문·글 문·문서 문·무늬 문·법도(法度, 생활상의 예법과 제도) 문] • 明
(밝을 명·밝힐 명·날샐 명·깨끗할 명)

⑩ 창조(創造, creation) – 무엇을 처음으로 만드는, 어떤 목적으로 가
치 있는 것을 만드는.

- 創(비롯할 창·시작할 창·다칠 창·상할 창) • 造(지을 조·만들 조·이룰 조·성취할 조·
양성할 조)

16

> 인간(人間)은 학습을 통해 얻어지는 지적(知的)인 미덕(美德)
> 과 실천(實踐)을 통해 습득되는 도덕적 미덕(美德)을 추구(追求)할 수 있는 능력을 갖고 태어난다.

요점 이해

인간은 자기 삶을 개척하기 위하여 끝없이 학습하면서 지식과
도덕을 터득하려고 하는 본능을 갖고 있다.

어휘·용어 풀이

❶ 인간(人間, human·man·human being) – 생각하고 말하며 도구를 만들
어 사용하고 공동생활을 이루며 사는 사람.

　• 人[사람 인·인간 인·다른사람 인·어른 인·성인(成人) 인] • 間(사이 간·때 간·동안 간·
　틈 간)

❷ 학습(學習, studying·learning) – 후천적으로 일정한 지식·기술·인
식·행동 능력을 배우고 익혀서 얻는.

　• 學(배울 학·공부할 학·흉내낼 학·학문 학·학자 학) • 習(익힐 습·익숙할 습·배울 습·연습
　할 습·버릇 습)

❸ 지적(知的, intellectual·mental) – 지식이나 지성에 관한 것, 지식의 능
력이 필요로 하는 것.

• 知(알 지·알릴 지·알게할 지·나타낼 지·주관할 지) • 的(과녁 적·진실 적·목표 적·표준 적·~의 적)

④ **미덕**(美德, virtue) – 아름답고 착하고 장하며 어질고 너그러운 행실.

• 美(아름다울 미·맛날 미·경사스러울 미·즐길 미) • 德(큰 덕·덕을베풀 덕·고맙게생각할 덕·은덕 덕)

⑤ **실천**(實踐, practice·fulfill) – 어떤 일을 실지로 수행하는, 무엇을 개조하는 인간의 활동.

• 實(열매 실·씨 실·종자 실·재물 실·내용 실·바탕 실) • 踐(밟을 천·짓밟을 천·실행할 천·실천할 천)

⑥ **습득**(習得, learning·acquirement) – 학문이나 기술·재능 따위를 배우고 익혀서 얻는.

• 習(익힐 습·익숙할 습·배울 습·연습할 습·버릇 습) • 得(얻을 득·손에넣을 득·만족할 득·깨달을 득)

⑦ **도덕적**(道德的, moral) – 사람으로서 행하여야 하는 이치와 법칙을 스스러 깨달아 실천하는 도덕에 관한 것.

* 道(도)는 진리나 뛰어난 능력을 의미하고, 德(덕)은 도덕적, 윤리적 이상(理想)을 실현해 나가는 인격적 능력을 의미함.

• 道(길 도·가르칠 도·깨달을 도·다스릴 도·이끌 도) • 德(큰 덕·덕을베풀 덕·고맙게생각할 덕·은덕 덕) • 的(과녁 적·진실 적·목표 적·표준 적·~의 적)

⑧ **추구**(追求, pursuit) – 끈질기게 뒤좇아 다니며 애써 구하는, 목적을 이루고자 끝까지 좇아 구하는.

- 追(좇을 추·이룰 추·잇달을 추·구할 추·부를 추) • 求(구할 구·빌 구·청할 구·탐할 구·모을 구·취할 구)

⑨ 능력(能力, ability·capacity) – 어떤 일을 감당해 낼 수 있는 힘, 어떤 일에 대하여 요구되는 자격·권리.

- 能(능할 능·능히할수있을 능·기량보일 능·재능 능) • 力(힘 력·하인 력·일꾼 력·군사 력·힘쓸 력)

교양코너 – 행복 조건

대화에서 조심해야 할 4가지 실천

다른 사람들이 대화(對話)할 때 해서는 안 될 4가지 재앙(災殃)은 '끼어들기'·'가로채기'·'자르기'·'앞지르기'이다.

- 재앙(災殃) : 뜻하지 아니하게 생긴 불행한 사고(事故). 화산·지진·홍수·태풍·화재 등과 같은 천재지변(天災地變)으로 인한 불행한 사고.

17

> 인간(人間)의 문화는 예술(藝術)과 학문(學問)에 의해서 발전하고 인간의 가치는 예절(禮節)과 도덕(道德)에 의해서 우월해진다.

요점 이해

인간의 문화와 존재 가치는 예술과 학문·예절과 도덕에 의해서 각각 발전되고 높아진다.

어휘·용어 풀이

❶ 인간(人間, human·man·human being) – 생각하고 말하며 도구를 만들어 사용하고 공동생활을 이루며 사는 사람.

　• 人[사람 인·인간 인·다른사람 인·어른 인·성인(成人) 인] • 間(사이 간·때 간·동안 간·틈 간)

❷ 문화(文化, culture) – 인류가 이루어 놓은 언어·풍습·종교·학문·예술 등의 성과나 생활의 총체.

　• 文(글월 문·문장 문·어구 문·글 문·문서 문·무늬 문) • 化(될 화·화할 화·교화할 화·변천할 화)

❸ 예술(藝術, art) – 기술과 예술을 뜻하는 기예(技藝)와 학문의 기술이나 이론을 뜻하는 학술(學術). 인간의 정신적, 육체적 활동을 미적

(美的)으로 창조·표현하는 일.

- 藝[재주 예·기예 예·법도(法度, 생활상의 예법과 제도) 예·학문 예·글 예] • 術(재주 술· 꾀 술·방법 술·수단 술·책략 술)

④ 학문 (學問, study·learning·scholarship) – 인문·사회나 자연·과학 등 어떤 분야를 체계적으로 배우고 연구하는 일. 사물(事物)을 탐구(探究)하여 이론적으로 체계화된 지식을 이루는 일.

- 學(배울 학·공부할 학·흉내낼 학·가르침 학·학교 학) • 問[물을 문·문초(問招, 죄나 잘못을 따져 묻는)할 문·방문할 문·찾을 문·부를 문]

⑤ 발전 (發展, development) – 널리 뻗어 나가거나 번영해 나가는, 보다 높은 단계로 변화하는.

- 發(필 발·쏠 발·일어날 발·떠날 발·밝힐 발) • 展(펼 전·늘일 전·벌일 전·나아갈 전· 기록할 전)

⑥ 가치 (價値, worth·value) – 사물이 지니고 있는 의의(意義)나 중요성, 인간의 욕구나 관심의 대상이 되는 성질.

- 價(값 가·가격 가·값어치 가·명성 가·평판 가) • 値[값 치·가격 치·값어치 치·걸맞을 치·당(當)할 치]

⑦ 예절 (禮節, etiquette·courtesy) – 예의에 관한 범절, 상대방을 존경하는 예의에 관한 절차.

- 禮(예도 예·예절 예·절 예·인사 예·의식 예) • 節(마디 절·우뚝할 절·제한할 절·예절 절)

⑧ 도덕 (道德, morality·morals) – 사회생활에 있어서 사람으로서 행하여야 하는 이치와 법칙을 자각(自覺, 스스로 깨닫는)하여 실천하는 행위.

- 道(길 도·가르칠 도·깨달을 도·다스릴 도) • 德(큰 덕·덕으로여길 덕·베풀 덕·고맙게

생각할 덕)

❾ 우월(優越, superiority) – 다른 것에 비하여 월등하게 뛰어난, 어떤 능력 면에서 남보다 뛰어난.

• 優[넉넉할 우·도타울 우·뛰어날 우·나을 우·광대(廣大)할 우] • 越(넘을 월·건너갈 월·넘어갈 월·드날릴 월)

18

> 인간(人間)이 생각하는 이유(理由)는 살아가기 위해서이며 살아가려면 끊임없이 문제(問題)를 풀어나가야 한다. 그러므로 인간은 탐구(探究)하는 사고방식(思考方式)을 배우는 것이다.

요점 이해

인간은 스스로 살아가기 위하여 끊임없이 문제를 해결하며 사물을 탐구한다.

어휘·용어 풀이

❶ 인간(人間, human·man·human being) – 생각하고 말하며 도구를 만들어 사용하고 공동생활을 이루며 사는 사람.

• 人[사람 인·인간 인·다른사람 인·어른 인·성인(成人) 인] • 間(사이 간·때 간·동안 간·틈 간)

❷ 이유(理由, reason) – 어떤 결과를 가져온 까닭이나 근거, 어떤 문제에 대한 조건·구실·변명.

• 理[다스릴 이(리)·수선할 이(리)·이치 이(리)] • 由(말미암을 유·좇을 유·따를 유·까닭 유·도리 유)

❸ 문제(問題, question·problem) – 해답·해명 등을 요구하는 질문. 연구·토론 또는 사회적 주목을 끄는 이야기 제목.

• 問[물을 문·문초(問招, 죄나 잘못을 따져 묻는)할 문·방문할 문·찾을 문] • 題(제목 제·머리말 제·물음 제·글을쓸 제)

❹ **탐구**(探究, inquiry·research) – 필요한 문제나 원리·현상·지식 따위를 조사 또는 연구하여 찾아내는.

• 探(찾을 탐·더듬어찾을 탐·깊이연구할 탐) • 究[연구할 구·궁구(窮究, 끝까지 파고들어 깊게 연구하는)할 구]

❺ **사고방식**(思考方式, one's way of thinking) – 어떤 문제에 대하여 생각하고 궁리하거나 판단하고 추리(推理)하는 방법과 태도.

• 추리(推理) : 이미 알고 있는 것을 바탕으로 새로운 것을 생각해 내는.

• 思(생각 사·심정 사·정서 사·뜻 사·마음 사) • 考(생각할 고·깊이헤아릴 고·살필 고·오래살 고) • 方(모 방·네모 방·방향 방·도리 방·방법 방) • 式[법 식·제도 식·의식 식·절도(節度, 정도에 알맞도록 행동하는 규칙적인 한도) 식]

교양코너 – 철학자 소개

임마누엘 칸트(Immanuel Kant, 1724~1804, 독일 철학자)

임마누엘 칸트는 쾨니히스베르크에 있는 대학에서 인생을 보냈지만 그의 영향력(影響力)은 세계를 가로질러 널리 퍼질 정도로 뛰어난 사상가(思想家)였다.

그는 『순수이성비판』의 내용으로 출판된 칸트(Kant)의 위대한 통찰(洞察)에서 실재의 본성(本性)과 인간의 도덕성(道德性)은 모두 사람의 논리(論理)에 의해 생각하는 이성(理性) 안에 기초를 두고 있고 인간은 관찰의 결과와 지각(知覺)한 정보를 가공(加工)함으로써 지식의 획득에 참여하는 행위

자(行爲者)라고 하였다.

- 순수이성비판(純粹理性批判) : 감성적 지각에 의한 경험에 앞서서 인간에게는 인식(認識)의 주관적 형식이 있다는 주장에 대한 비판.

- 도덕성(道德性) : 어떤 목적을 위한 수단으로써가 아니라 인간이 지켜야 할 도리(道理)에 따라 행동하고 가치를 존중하는 성질.

19

자신(自身)의 정신개발(精神開發)을 이루지 못하는 사람은 스스로 경제적(經濟的) 자립을 못하고 남의 선심(善心)에 의존(依存)해야 한다.

요점 이해

인간은 지식과 기술을 배우고 실천하며 자신의 경제적인 문제를 스스로 해결하는 존재이다.

어휘·용어 풀이

❶ 자신[自身, oneself·one's self·my(your·his·her·their) self] – 자기·제 몸이라는 뜻으로 말이나 행동의 주체자인 본인을 가리키는.

• 自(스스로 자·몸소 자·자기 자·저절로 자·시초 자) • 身[몸 신·신체 신·줄기(주된 부분) 신·나 신·자신 신]

❷ 정신개발(精神開發, mental development) – 사물을 보고 느끼고 생각하며 판단하는 능력인 정신을 개척하고 발전시키는.

• 精(정할 정·깨끗할 정·정성스러울 정·총명할 정·찧을 정) • 神(귀신 신·신령 신·정신 신·혼 신·마음 신) • 開(열 개·열릴 개·꽃필 개·개척할 개·깨우칠 개) • 發(필 발·쏠 발·일어날 발·떠날 발·계발할 발)

❸ 경제적(經濟的, economic) – 인간 생활에 필요한 돈·생산·분배·소

비의 행위에 관한 것, 돈·시간·노력을 절약하는 것.

• 經(지날 경·다스릴 경·경영할 경·법 경·도덕 경) • 濟(건널 제·도울 제·구제할 제) • 的
(과녁 적·목표 적·~의 적)

④ 자립(自立, independence·self-support) – 자기 힘으로 독립해서 의·식·
주를 해결하며 활동하거나 자기 의사(意思)대로 행동하는 지위에
있는.

• 自(스스로 자·몸소 자·자기 자·저절로 자·시초 자) • 立[설 립(입)·똑바로설 립(입)·존재
할 립(입)]

⑤ 선심(善心, virtuous mind·kind heart) – 남에게 베풀고 남을 구제(救濟)하
는 착한 마음.

• 善(착할 선·좋을 선·훌륭할 선·잘할 선·친할 선) • 心(마음 심·뜻 심·의지 심·생각
심·가슴 심)

⑥ 의존(依存, dependence) – 스스로 자립이나 독립하지 못하고 다른
사람이나 대상에 의지하여 존재하는.

• 依(의지할 의·기댈 의·따를 의·허락할 의) • 存(있을 존·존재할 존·안부물을 존·보전
할 존)

교양코너 – 행복 조건

답답할 때 효과적인 실천

자신이 답답한 상황(狀況)에 처해 있다고 느낄 때는 눈을 감고 심호흡을
하고, 자신이 탁 트인 열린 공간(空間)으로 들어간다고 생각하며, 자신이
느끼는 스트레스(stress)를 이 공간 안에서 멀리멀리 날려 보낸다고 상상

(想像)하라.

• 스트레스(stress) – 인간이 심리적이나 신체적으로 감당하기 어려운 상황(狀況)에 처했을 때 느끼는 불안(不安)과 위협(威脅)의 감정. 정신적인 압박이나 긴장으로 장기적으로 지속되면 질환(疾患)을 일으킴.

20

자연(自然)은 인간들에게 지적(知的)인 요소(要素)들과 감동적(感動的)인 혜택(惠澤)을 베풀어 주므로 끊임없이 재생산(再生産)하여 새롭게 한다.

요점 이해

인간은 자연이 베푸는 혜택에서 삶에 필요한 지식을 터득하고 재창조한다.

어휘·용어 풀이

❶ 자연(自然, nature) – 우주와 함께 처음부터 저절로 그렇게 되어 있는 모양, 천연 그대로의 모든 존재.

• 自(스스로 자·몸소 자·자기 자·저절로 자·자연히 자) • 然(그러할 연·틀림없을 연·분명할 연·불탈 연)

❷ 인간(人間, human·man·human being) – 생각하고 말하며 도구를 만들어 사용하고 공동생활을 이루며 사는 사람.

• 人[사람 인·인간 인·다른사람 인·어른 인·성인(成人) 인] • 間(사이 간·때 간·동안 간·틈 간)

❸ 지적(知的, intellectual·mental) – 지식이나 지성에 관한 것, 지식의 능력이 필요로 하는 것.

- 知(알 지·알릴 지·알게할 지·나타낼 지·주관할 지) • 的(과녁 적·진실 적·목표 적·표준 적·~의 적)

❹ 요소(要素, essential element) – 어떤 일이나 사물의 성립·효력 발생 등에 꼭 필요한 근본적인 조건.
- 要(요긴할 요·중요할 요·요약할 요·바랄 요·요구할 요) • 素(본디 소·바탕 소·본질 소·평소 소·흴 소)

❺ 감동적(感動的, moving·touching/감동적인, moving·touching·impressive) – 무엇에 깊이 느끼어 마음이 움직이거나 움직이게 할 만한 것.
- 感[느낄 감·감응(感應, 느낌이나 자극을 받아 마음이 따라 움직이는)할 감·감동할 감]
- 動(움직일 동·옮길 동·감응할 동) • 的(과녁 적·진실 적·목표 적·표준 적·~의 적)

❻ 혜택(惠澤, favour·benefit) – 은혜와 덕택이라는 말로 사람 사이나 자연 환경·사회 제도로부터 고맙게 베풀어 주는.
- 惠(은혜 혜·사랑 혜·자애 혜·인자할 혜) • 澤[못(웅덩이) 택·은혜 택·윤택할 택]

❼ 재생산(再生産, reproduction) – 생산이 되풀이되거나 기존 생산품에 새로운 기술과 소재와 가치를 가지고 보다 더 발전되게 다시 만들어 내는.
- 再(두 재·두번 재·거듭 재·다시 재) • 生(날 생·낳을 생·만들 생) • 産(낳을 산·생산할 산)

교양코너 – 철학자 소개

칼 마르크스(Karl Marx, 1818~1883, 독일 경제학자·정치학자·사회철학가)
칼 마르크스는 공산주의(共産主義)의 창시자(創始者)이다. 그는 어릴 때부터 계몽주의적(啓蒙主義的)인 사상(思想)을 철저히 교육받아 6살에 개신교 세례(洗禮)를 받았고 12살이 되던 1830년에 트리어에 있는 프리드리히 빌헬름 김나지움(Friedrich Wilhelm Gymnasium)에 들어가 라틴어, 그리스어, 역사, 철학 등을 배웠다.

그는 19세기 자본주의(資本主義)에 의한 부정(不正)에 대해 비난하면서 노동자들이 억압과 반복적인 대량생산(大量生産) 체제에 의하여 소외(疏外)되고 있다고 말했다.

• 공산주의(共産主義) : 모든 재산을 공유하는 제도를 실현하여 빈부(貧富)의 격차를 없애려는 사상.

21

정의(正義)는 첫째 국가가 나서서 시민들 사이에 명예(名譽)와 재산(財産)을 분배하는 것이고, 둘째는 불공정(不公正)한 분배(分配)를 바로잡는 것이다.

요점 이해

국민에 대한 국가의 정의는 명예와 재산을 균등하게 분배하고 공정하게 관리하는 것이다.

어휘·용어 풀이

❶ 정의(正義, justice) - 진리에 맞는 올바른 도리, 시민 사회를 유지하기 위한 도리.

  * 아리스토텔레스의 정의는 '분배의 균등'이며, 플라톤의 정의는 '국가에 책무를 다하고 조화(調和)하는 것'임.

  • 正(바를 정·정당할 정·올바를 정·정직할 정) • 義(옳을 의·의로울 의·바를 의·선량할 의)

❷ 명예(名譽, honour·honor) - 사회적으로 뛰어나고 훌륭하다고 인정받는 이름이나 자랑 또는 그런 존경이나 품위.

  • 名(이름 명·평판 명·소문 명·명분 명·공적 명) • 譽(기릴 예·즐길 예·찬양할 예·명예 예)

❸ 재산(財産, property) - 개인이나 집단의 소유로 되어있는 경제적

가치가 있는 재물의 집합.

- 財(재물 재·재산 재·자산 재·보물 재·재능 재) • 産(낳을 산·태어날 산·자랄 산·
생산할 산)

❹ 분배(分配, division·distribution) - 생산물이나 이해관계를 사회적 법칙에 따라 몫몫이 고르게 나누는.

- 分(나눌 분·나누어줄 분·베풀어줄 분·구별할 분) • 配(나눌 배·짝질 배·걸맞을 배·
견줄 배)

❺ 불공정(不公正, unfairness·inequity·injustice) - 어느 한쪽으로 치우쳐 공평하지 못하고 정의롭지 못한.

- 不(아닐 불·아닐 부·못할 불·말 불) • 公(공평할 공·공변될 공·함께 공) • 正(바를 정·정
당할 정·올바를 정·정직할 정)

교양코너 – 철학자 소개

찰스 로버트 다윈(Charles Robert Darwin, 1809~1882, 영국 생물학자)

찰스 로버트 다윈은 어릴 때부터 자연(自然)에 관심을 갖고 해부학(解剖學)과 식물 분류를 공부하였으며 학위(學位)를 받은 후에는 영국의 해군 측량 선박인 비글호(the Beagle) 배를 타고 5년 동안 세계를 돌면서 다른 열대림(熱帶林)과 섬 같은 서식지(棲息地)에서 사는 생물들을 연구할 기회를 갖게 되었다.

그는 자연선택에 의한 『종(種)의 기원(起源)』에 이어 『인간의 계보(系譜)』를 출간하면서 온갖 형태의 생명체가 오랜 세월을 통하여 새로운 개체로 변화하면서 발전해 왔다는 사실에서 진화론(進化論)을 제안했다. 이것은

인간과 생명의 유래(由來)에 대하여 혁명적 발상의 전환을 이루었다.

그는 자연(自然)은 인간과는 달리 자신을 돌보는 생명의 이익을 위해 교배한다는 사실을 깨달았다.

• 진화론(進化論, the Doctrine of Evolution) : 생물이 극히 원시적(原始的)인 생물로부터 진화하여 고등(高等)한 것이 되었다는 이론.

22

정의(正義)로운 사회는 모든 인간이 인격적(人格的)으로 평등(平等)하고 사회적 조건(條件)에 상관없이 인간다운 삶을 누릴 수 있는 권리(權利)를 갖는 것이다.

요점 이해

정의로운 사회는 모든 사람이 평등한 인격을 갖고 자유로운 삶을 누릴 수 있는 권리를 말한다.

어휘 · 용어 풀이

❶ 정의(正義, justice) - 진리에 맞는 올바른 도리, 시민 사회를 유지하기 위한 도리.

  * 아리스토텔레스의 정의는 '분배의 균등'이며, 플라톤의 정의는 '국가에 책무를 다하고 조화(調和)하는 것'임.

  • 正(바를 정·정당할 정·올바를 정·정직할 정) • 義(옳을 의·의로울 의·바를 의·선량할 의)

❷ 사회(社會, society · community) - 자연적 또는 인위적으로 서로 모여 생활하는 한 떼의 집단.

  • 社[모일 사·제사지낼 사·땅귀신 사·단체(모임) 사] • 會(모일 회·모을 회·만날 회·능숙할 회·통계를낼 회)

❸ 인간(人間, human · man · human being) - 생각하고 말하며 도구를 만들

어 사용하고 공동생활을 이루며 사는 사람.

- 人[사람 인·인간 인·다른사람 인·어른 인·성인(成人) 인] · 間(사이 간·때 간·동안 간·틈 간)

❹ 인격적(人格的, personnel·moral) - 인격에 바탕을 두거나 인격을 원칙으로 하는 것.

* 인격 : 사람이 사람으로서의 가치를 갖는 데에 필요한 자격, 도덕적 행위의 주체자로서의 품격.

- 人[사람 인·인간 인·다른사람 인·어른 인·성인(成人) 인] · 格(격식 격·법식 격·인격 격·인품 격) · 的(과녁 적·목표 적·~의 적)

❺ 평등(平等, equality) - 권리·의무·자격 등이 누구에게나 차별이 없이 고르고 한결같은.

- 平(평평할 평·판판할 평·고를 평·편안할 편) · 等(무리 등·등급 등·계급 등·저울 등·구별할 등)

❻ 사회적(社會的, social) - 사람들이 모여 공동생활을 하는 사회에 관계되거나 사회성(社會性)을 지닌 것.

* 사회성(社會性, socialtiy) : 인간이 속한 공동체 안에서 함께 생존하고 발전해가는 고유한 성질.

- 社[모일 사·제사지낼 사·단체(모임) 사] · 會(모일 회·모을 회·만날 회) · 的(과녁 적·목표 적·~의 적)

❼ 조건(條件, condition·qualification) - 일정한 일을 진행하거나 성립시키기 위해 갖추어야만 할 요소.

- 條[가지 조·조리(條理) 조·조목 조·법규 조] · 件(물건 건·사건 건·조건 건·단위 건·가

지 건)

8 상관(相關, relation · inter-relation · correlation) – 두 가지 사물이나 상황 또는 두 사람이 서로 관계를 맺거나 서로 관련이 되는.

* **상관없이**(have nothing to do with) : ~와 아무 관련이 없는.

• 相(서로 상 · 바탕 상 · 도움 상 · 모양 상 · 형상 상) • 關[관계할 관 · 가둘 관 · 감금할 관 · 관문(關門, 국경이나 요새에 있는 성의 문) 관 · 기관 관]

9 권리(權利, right · claim) – 자기의 의지로 자유로이 행사할 수 있는 능력이나 법(法)으로 인정되는 힘의 범위.

• 權(권세 권 · 권력 권 · 권한 권 · 권리 권 · 저울 견) • 利[이로울 리(이) · 이득될 리(이) · 날카로울 리(이)]

교양코너 – 행복 조건

행복과 지적(知的) 재산

- 인생을 행복(幸福)하게 살아가는 데에 물려받는 물적(物的) 재산(財産)보다 스스로 공부하여 터득한 지적(知的) 재산(財産)이 더 소중하다.

- 우리에게는 무엇이든지 성취할 수 있는 자유(自由)가 있고 능력(能力)이 있다.

23

진리(眞理)는 의심(疑心)의 여지가 없을 정도로 명증적(明證的)이어야 하며 속단(速斷)과 편견(偏見)을 피(避)해야 한다.

요점 이해

인간의 참된 도리인 진리는 논리적으로 모순되지 않으며 명백한 증거와 판단에 바탕을 두어야 한다.

어휘·용어 풀이

❶ 진리(眞理, truth) – 언제나 어떠한 경우에도 오래오래 모든 사람들에게 타당하다고 인정되는 바른 이치와 참된 도리, 사실이 논리의 법칙에 모순되지 아니하는 바른 판단.

• 眞(참 진·진리 진·진실 진·본성 진·참으로 진) • 理[다스릴 리(이)·수선할 리(이)·이치 리(이)]

❷ 의심(疑心, doubt·question·suspicion) – 확실히 알지 못하거나 믿지 못하여 이상하게 생각하는.

• 疑(의심할 의·헷갈릴 의·믿지아니할 의) • 心(마음 심·뜻 심·생각 심·심장 심·가슴 심)

❸ 여지(餘地, room·a margin) – 남아있는 땅이라는 뜻으로 어떤 생각·의심 또는 일에서 더 생각할 수 있는 여유.

- 餘(남을 여·남길 여·나머지 여·여가 여·여분 여)   • 地(땅 지·대지 지·곳 지·장소 지·
영토 지)

❹ **명증적**(明證的, verifiable·a positively proof thing) – 간접적인 추리(推理)에
의하지 아니하고 직접 보고 확인할 수 있도록 명백하게 증명하
는 것.

- 明(밝을 명·밝힐 명·결백할 명)   • 證(증거 증·증명서 증·밝힐 증)   • 的(과녁 적·목표
적·~의 적)

❺ **속단**(速斷, a hasty conclusion) – 신중을 기하지 않고 빨리 성급하게
내리는 판단.

- 速(빠를 속·빨리할 속·이룰 속·될 속·부를 속)   • 斷(끊을 단·결단할 단·나눌 단·단정
할 단)

❻ **편견**(偏見, a prejudiced view) – 공정하지 못하고 한쪽으로 치우친 생
각, 원칙 없이 이루어진 판단과 태도.

- 偏(치우칠 편·쏠릴 편·기울 편·편향될 편)   • 見[볼 견·보일 견·당(當)할 견·견해 견·
뵐 현]

❼ **피하다**(避~, avoid) – 몸을 숨기거나 다른 곳으로 옮기어 잡히거
나 드러나지 않게 하는. 마음에 들지 않거나 좋지 않은 상황을
받아들이지 아니하고 거부하는.

- 避(피할 피·벗어날 피·면할 피·회피할 피·숨을 피·감출 피)

교양코너 – 행복 조건
자유로운 삶을 위한 실천

- 자신을 괴롭히는 생각과 감정이 과연 실재(實在)하는 것인지, 필연적(必然的)인 것인지에 대한 의문(疑問)을 품고 돌이켜 생각하면 그것만으로도 여태껏 경험해 보지 못한 자유로운 삶을 엿볼 수 있다.

- 제멋대로 떠오르는 생각에 휘둘리지 말고 어느 하나에 집중(集中)하거나 다른 데 관심(關心)을 갖도록 노력하라, 그러면 활기(活氣)가 넘치는 삶을 얻는다.

24

> 책(冊)과 말없이 흐르는 시간(時間)은 인생(人生)의 스승이며
> 자연(自然)의 신비(神祕)와 긍정적(肯定的)인 상상(想像)은 최고
> 의 스승이자 행복(幸福)의 근원(根源)이다.

요점 이해

행복을 위한 인생의 스승은 책과 시간, 그리고 자연의 신비에
대한 무한한 상상이다.

어휘·용어 풀이

❶ 시간(時間, time·hour) – 어떤 시각(時刻)에서 어떤 시각까지 사이의
경과를 뜻하며 변화 과정을 나타내는 척도.

　•時(때 시·철 시·계절 시·세대 시·시대 시·기회 시)　•間(사이 간·때 간·동안 간·틈새
간·살필 간)

❷ 인생(人生, life·human life) – 태어나 생명(生命)을 가진 사람이 이 세상
에서 활동하며 한평생 살아나가는 일.

　•人[사람 인·인간 인·다른사람 인·어른 인·성인(成人) 인]　•生(날 생·낳을 생·기를 생·싱
싱할 생·백성 생)

❸ 스승(teacher·master) – 학문과 인간의 도리(道理)를 가르쳐 자기를
올바르게 이끌어 준 사람.

❹ **자연**(自然, nature) – 우주와 함께 처음부터 저절로 그렇게 되어 있는 모양, 천연 그대로의 모든 존재.

- 自(스스로 자·몸소 자·자기 자·저절로 자·자연히 자) • 然(그러할 연·틀림없을 연·분명할 연·불탈 연)

❺ **신비**(神祕, mystery) – 사람의 힘이나 지혜로써는 도저히 이해할 수 없는 신령(神靈)스럽고 기묘(奇妙)한 비밀.

- 神(귀신 신·신령 신·정신 신·혼 신·마음 신) • 祕[숨길 비·신묘(神妙)하여알기어려울 비·신비할 비]

❻ **긍정적**(肯定的, affirmative) – 옳다고 용납하고 인정하는 긍정이 되거나 긍정할 만한 것.

- 肯(즐길 긍·옳게여길 긍·들어줄 긍) • 定(정할 정·바로잡을 정·머무를 정) • 的(과녁 적·목표 적·~의 적)

❼ **상상**(想像, imagination·fancy) – 어떤 사물이나 현상에 관하여 마음속에 그려보거나 남의 마음을 미루어 생각하는.

- 想[생각 상·생각할 상·사색(思索, 깊이 생각하고 이치를 따지는)할 상·그리워할 상] • 像(모양 상·형상 상·본뜰 상·법식 상·양식 상)

❽ **행복**(幸福, happiness) – 생활에서 충분한 만족과 살고 있는 기쁨을 느끼는 흐뭇한 상태, 복된 좋은 운수(運數).

- 幸(다행 행·행복 행·요행 행·은총 행·좋아할 행) • 福(복 복·행복 복·복내릴 복·상서로울 복)

❾ **근원**(根源, the root·the origin) – 물줄기가 나오기 시작하는 곳, 사물이 비롯되는 근본이나 원인.

- 根(뿌리 근·근본 근·밑동 근·마음 근·생식기 근) • 源(근원 원·기원 원·출처 원·발원 지 원)

교양코너 – 행복 조건

사람에 따른 인연(因緣)의 의미

어리석은 사람은 인연(因緣)을 만나도 인연인지도 모르고, 보통 사람은 인연(因緣)인 줄 알아도 그 인연을 살릴 줄 모르며, 현명(賢明)한 사람은 소매 끝만 스쳐도 인연(因緣)으로 살린다.

- 인연(因緣) : 사람과 맺어지는 관계나 사물들 사이에 관계되는 연줄.

25

철학(哲學)의 정신은 진리(眞理)에 대한 사랑이며 진리에 대한 사랑은 인간(人間)과 자연(自然)에 대한 사랑에 그 근원(根源)을 두고 있다.

요점 이해

철학의 근본정신은 진리에 대한 열정이며 인간과 자연에 대한 지식을 연구하는 것이다.

어휘·용어 풀이

❶ 철학(哲學, philosophy) - 인간(人間)과 세계(世界)에 대한 근본 원리를 추구하는 인간 삶의 본질을 연구하는 학문.

  • 哲[밝을 철·슬기로울 철·철인(哲人, 도리나 사리에 밝은 사람) 철] • 學(배울 학·공부할 학·학문 학)

❷ 정신(精神, spirit·soul) - 사물을 보고 느끼고 생각하며 판단하는 능력, 육체나 물질에 대한 영혼이나 마음.

  • 精(정할 정·깨끗할 정·정성스러울 정·총명할 정·찧을 정) • 神[귀신 신·신령 신·혼(魂) 신·마음 신]

❸ 진리(眞理, truth) - 언제나 어떠한 경우에도 오래오래 모든 사람들에게 타당하다고 인정되는 바른 이치와 참된 도리, 사실이 논리

의 법칙에 모순되지 아니하는 바른 판단.

- 眞(참 진·진리 진·진실 진·본성 진·참으로 진) • 理[다스릴 리(이)·수선할 리(이)·이치 리(이)]

❹ 인간(人間, human·man·human being) – 생각하고 말하며 도구를 만들어 사용하고 공동생활을 이루며 사는 사람.

- 人[사람 인·인간 인·다른사람 인·어른 인·성인(成人) 인] • 間(사이 간·때 간·동안 간·틈 간)

❺ 자연(自然, nature) – 우주와 함께 처음부터 저절로 그렇게 되어 있는 모양, 천연 그대로의 모든 존재.

- 自(스스로 자·몸소 자·자기 자·저절로 자·자연히 자) • 然(그러할 연·틀림없을 연·분명할 연·불탈 연)

❻ 근원(根源, the root·the origin) – 물줄기가 나오기 시작하는 곳, 사물이 비롯되는 근본이나 원인.

- 根(뿌리 근·근본 근·밑동 근·마음 근·생식기 근) • 源(근원 원·기원 원·출처 원·발원지 원)

교양코너 – 철학자 소개

마르틴 하이데거(Martin Heidegger, 1889~1976, 독일 철학자)

마르틴 하이데거는 실존주의(實存主義) 철학자로 추앙(推仰)받는 인물이다. 그는 '존재와 시간과 형이상학(形而上學)이란 무엇인가?'에 대한 물음을 제기하면서 불안(不安)·무(無)·죽음·양심·결의(決意)·퇴락(頹落) 등 실존에 관계되는 여러 잉태(孕胎)에 대해 매우 조직적이고 포괄적(包括的)으로 논술했다.

그는 종교적인 어린 시절을 보내면서 예수회 수련사(修練師)로 등록하고 프라이부르크 대학교에서 신학(神學)을 공부했다. 그는 "우리는 궁극적인 죽음에 대한 의식을 갖고 있다. 그러므로 죽음은 삶의 한 요소이다." 라는 말을 남겼다.

- 실존주의(實存主義) : 합리주의적 관념론에 반대하여 개인으로서의 인간의 주체적 존재성을 강조하는 사상의 철학.

- 퇴락(頹落) : 건물 따위가 낡아서 무너지고 떨어지는. 수준이 뒤떨어지는.

- 잉태(孕胎) : 아이나 새끼를 배는. 어떤 사실이나 현상이 내부에서 생겨 자라나는.

"지혜(智慧)를 터득하고 실천하는 것은 도(道)와 행복(幸福)을 추구하는 일이다."

논어(論語)는 인(仁)의 사상을 중심으로 하는 유교(儒敎)를
주창(主唱)한 공자(孔子)의 언행(言行)과 그의 제자와 현인(賢人)들과의
주고받은 지혜롭고 삶의 소중한 보배가 되는 문답(問答) 내용을
모아 엮은 책으로 맹자(孟子)·중용(中庸)·대학(大學)과 함께
중국 고전(古典)의 사서(四書)를 이루며 시대를 초월하여 본받을
만한 모범(模範)과 삶의 기준이 되고 있다.

「제Ⅳ 논어」편의 여백(餘白)에는 논어(論語)와 관련이 있는
인격 수양서(修養書)인 명심보감(明心寶鑑)에서 교육적 가치가 있는
일부 내용을 발췌하여 추가로 수록하였다.

공자(孔子)는 실수(失手) 없는 말과 후회(後悔) 없는 행동(行動)
이 몸에 배면 벼슬길이 저절로 열린다고 하였다.

요점 이해

공자는 말할 때 조심하고 행동할 때 실수하지 않으면 높은 관
직에 오르는 벼슬길도 저절로 열린다고 하였다.

어휘 · 용어 풀이

❶ 공자(孔子, Confucius) - 공자는 약 2,900년 전에 중국 노(魯)나라에
서 태어났으며 중국 춘추(春秋) 시대의 철학자이며 유교(儒教)의
시조(始祖)이다.

• 孔(구멍 공 · 성씨 공, * 공자의 약칭) • 子(아들 자 · 자식 자 · 사람 자 · 첫째지지 자 · 경칭 자)

❷ 실수(失手, mistake · blunder) - 조심을 하지 아니하여 잘못을 저지
르는.

• 失(잃을 실 · 잃어버릴 실 · 달아날 실 · 틀어질 실) • 手(손 수 · 재주 수 · 솜씨 수 · 수단 수 · 행위
수 · 사람 수)

❸ 후회(後悔, repentance · regret) - 지난 일의 잘못을 깨치고 뉘우치는.

• 後(뒤 후 · 곁 후 · 딸림 후 · 아랫사람 후 · 뒤질 후) • 悔(뉘우칠 회 · 스스로꾸짖을 회 · 후회 회 ·

잘못 회)

❹ 행동(行動, action·act·behaviour) – 동작을 하여 행하는 일, 자극에 대한 본능적인 동작이나 반응.

• 行(다닐 행·갈 행·행할 행·유행할 행·돌 행) • 動(움직일 동·옮길 동·흔들릴·동·감응할 동·일할 동)

❺ 배다(버릇이나 일 따위가 몸에 배다, get used to·get accustomed to; 옷이 물에 배다, soak through·soak into) – 물기가 스며드는, 버릇이 되게 익숙해지는.

교양코너 – 명심보감

명심보감 개요

명심보감(明心寶鑑)은 '마음을 밝히는 보배로운 거울'이라는 뜻으로 예부터 아동(兒童)과 부녀자(婦女子)들이 흔히 읽었던 바른 생활의 길잡이인 교양 지침서(敎養指針書)이다.

• 明(밝을 명·밝힐 명) • 心(마음 심) • 寶(보배 보·보물 보) • 鑑(거울 감)

『명심보감』은 고려(高麗) 충렬왕(忠烈王 : 1274~1308) 때 명신(名臣)이었던 유학자(儒學者)인 로당(露堂) 추적(秋適 : 1246~1317)이 중국의 문집류(文集類)에서 공자(孔子)를 비롯한 성현(聖賢)들의 금언(金言)을 발췌(拔萃)하여 마음을 닦는 인격수양 수신서(修身書)로 만든 것이다.

『명심보감』은 고전(古典)으로써 가족 관계나 올바른 사회생활에 필요한 윤리(倫理) 도덕(道德)이며 자신을 반성하고 인간 본연의 양심을 보존케 하여 우리의 정신과 육체를 맑게 해주는 인생 교과서이다.

• 금언(金言) : 삶의 본보기가 될 만한 귀중한 내용을 담고 있는 짤막한 어구

(語句, 말의 마디나 구절).

• **발췌**(拔萃) : **책이나 글 중에서 필요하고 중요한 것을 가려 뽑는.**

02

국가(國家)가 정의(正義)로 다스려지고 질서(秩序)가 확립(確立)되면 신하(臣下)가 정권(政權)을 휘두를 수 없고 백성들도 국사(國事)를 비난(非難)하지 않는다.

요점 이해

임금이 정의에 맞게 나라와 백성을 다스리면 신하는 임금을 정성껏 섬기며 백성들은 불평하는 일이 없다.

어휘·용어 풀이

❶ 국가(國家, nation·country·state) – 국가 개념의 삼요소 : 영토·국민·주권. 일정한 영토(領土)에 거주하는 다수인으로 구성된 국민(國民)과 주권(主權)에 의한 통치 조직(統治組織).

❷ 정의(正義, justice) – 진리(眞理)에 맞는 올바른 도리(道理). 시민 사회를 구성하며 유지하기 위한 도리, 사회 전체의 복지를 보장하는 것과 같은 질서를 실현, 유지하는.

＊ 플라톤(Platon)의 정의는 '국가에 모든 책무를 다하고 조화(調和)하는 것'.

＊ 아리스토텔레스(Aristoteles)의 정의는 '분배(分配)의 균등(均等)'을 실천하는 것.

❸ 질서(秩序, order) – 사물이나 집단에서 혼란 없이 순조롭게 이루어지게 하는 순서나 차례.

• 秩(차례 질·순서 질·벼슬 질·관직 질·항상 질) • 序(차례 서·학교 서·학당 서·실마리 서·머리말 서)

④ 확립(確立, establishment·settlement) – 체계·질서·견해·조직·태도 따위를 굳게 세우는.

• 確(굳을 확·단단하게할 확·확고할 확·확실할 확) • 立[설 립(입)·똑바로설 립(입)·세울 립(입)]

⑤ 신하(臣下, minister·statesman) – 곁에서 직접 임금을 섬기어 벼슬을 하는 사람.

• 臣(신하 신·백성 신·하인 신·포로 신) • 下(아래 하·밑 하·뒤 하·끝 하·임금 하·귀인 하)

⑥ 정권(政權, political power) – 정치상의 권력, 국가와 국민을 다스리는 정치를 하는 권력.

• 政[정사(政事) 정·조세(租稅) 정·법 정] • 權(권세 권·권력 권·권한 권·권리 권·저울 권)

⑦ 백성(百姓, the people·the nation) – 백 가지 성(姓)으로 된 벼슬이 없는 일반 국민을 예스럽게 이르는 말.

• 百(일백 백·백번 백·여러 백·모두 백·온갖 백) • 姓(성씨 성·백성 성·겨레 성·씨족 성·천성 성)

⑧ 국사(國事, nation affair) – 나랏일이라는 뜻으로 한 나라의 정치에 상관되는 사항.

• 國(나라 국·국가 국·서울 국·도읍 국·세상 국) • 事[일 사·직업 사·재능 사·공업 사·관직 사·경치(景致) 사]

⑨ 비난(非難, criticism·blame) – 다른 사람의 잘못이나 결점(缺點) 따위를 책잡아서 나쁘게 말하는.

• 非(아닐 비·그를 비·나쁠 비·배반할 비·꾸짖을 비) • 難(어려울 난·꺼릴 난·싫어할 난·괴롭힐 난·힐난할 난·나무랄 난)

03

군자(君子)나 대인(大人)은 최고의 진리(眞理)에 뜻을 두고 덕(德)에 의거하여 행동하며 인(仁)을 베풀고 육예(六藝)의 교양(敎養)을 갖추어야 한다.

요점 이해

높은 벼슬자리에 있는 군자나 인품이 높은 대인은 참된 이치와 도리에 맞게 덕과 인을 베풀며 아울러 육예(아래 참고)도 익혀야 한다.

어휘·용어 풀이

❶ 군자(君子, a man of virtue) – 학식(學識)과 덕행(德行)이 높은 사람, 높은 벼슬자리에 있는 훌륭한 사람.

 • 君[임금 군·영주(領主) 군·어진사람 군] • 子(아들 자·자식 자·사람 자·첫째지지 자·경칭 자)

❷ 대인(大人, a noble man) – 도량(度量)이 넓고 덕망(德望)이 높은 훌륭한 사람. 말과 행실이 바르고 점잖으며 덕(德)이 높은 사람.

 • 大(큰 대·클 대·심할 대·높을 대·훌륭할 대) • 人(사람 인·인간 인·다른사람 인·어른 인)

❸ 진리(眞理, truth) – 언제나 어떠한 경우에도 오래오래 모든 사람에게 타당하다고 인정되는 바른 이치와 참된 도리. 사실이 논리

의 법칙에 모순되지 아니하는 바른 판단.

- 眞(참 진·진리 진·진실 진·참으로 진) • 理[다스릴 리(이)·깨달을 리(이)·도리 리(이)·
이치 리(이)]

❹ 덕(德, virtue) – 공정하고 포용성이 있는 마음이나 품성, 도덕적
이상(理想 : 가장 현실적이고 완전한 생각과 판단)과 법칙을 좇아 의지를 결정하
는 인격적 능력.

- 德(큰 덕·베풀 덕·고맙게생각할 덕·선행 덕·정의 덕)

❺ 인(仁, perfect virtue) – 공자(孔子)가 주창한 유교의 도덕·정치 이념으
로서 남을 사랑하고 어질게 행동하는 일.

- 仁[어질 인·자애로울 인·인자(仁慈)할 인·사랑할 인·불쌍히여길 인]

❻ 육예(六藝, the six arts·the six subjects) – 고대(古代) 중국 교육의 여섯 가
지 과목.

(1) 예(禮·禮容 : 예절 바른 차림새나 태도)

(2) 악(樂·音樂 : 목소리나 악기에 의한 예술)

(3) 사(射·弓術 : 화살로 목표물을 맞히는 기술)

(4) 어(御·馬術 : 말을 타고 부리는 재주)

(5) 서(書·書道 : 붓으로 글씨를 쓰는 방법)

(6) 수(數·數學 : 대수·기하·해석을 응용하는 학문)

* 육덕(六德) : 중국 주(周)나라 때 국민 교육의 가르침으로써 사람이 갖추어야
할 6가지의 도의(道義). (1)지(知) (2)인(仁) (3)성(聖) (4)의(義) (5)충(忠) (6)화(和)

* 육행(六行) : (1)효(孝)-효도 (2)우(友)-형제 우애 (3)목(睦)-친족 화목 (4)인(婣)-외
척 친목 (5)임(任)-친구간의 믿음 (6)휼(恤)-빈민 구제

- 六[여섯 육(륙)·여섯번 육(륙)] • 藝[재주 예·기예(技藝) 예·법도 예·학문 예]

- 姻(혼인 인·시집갈 인·시아버지 인) * 姻(혼인 인)은 姻[혼인(婚姻) 인]과 같이 씀.

❼ 교양(教養, culture·refinement) – 상식·문화·예의를 갖춘 인간의 품위. 인간의 정신 능력의 개발과 원만한 사회생활을 위한 인격 배양.

- 教[가르칠 교·본받을 교·익힐 교·교화(教化) 교·~하여금 교·종교 교 • 養(기를 양·젖먹일 양·심어가꿀 양·수양할 양)

04

군자(君子)는 세 가지를 경계(警戒)해야 한다. 젊었을 때에는 여색(女色)을 멀리하고 건강(健康)할 때에는 싸움을 하지 말 것이며 늙음에 이르러서는 무엇을 탐(貪)내어 얻으려고 하지 말아야 한다.

요점 이해

벼슬자리에 오른 군자는 평생을 살아가면서 불순한 여자관계나 감정으로 다투거나 욕심으로 탐을 내는 일이 없도록 삼가야 한다.

어휘·용어 풀이

❶ 군자(君子, a man of virtue) – 학식(學識)과 덕행(德行)이 높은 사람, 높은 벼슬자리에 있는 훌륭한 사람.

• 君[임금 군·영주(領主) 군·어진사람 군] • 子(아들 자·자식 자·사람 자·첫째지지 자·경칭 자)

❷ 경계(警戒, warning·caution) – 뜻밖의 사고나 나쁜 일이 생기지 않도록 미리 마음을 가다듬어 단속하는.

• 警(깨우칠 경·깨달을 경·경계할 경·조심할 경) • 戒(경계할 계·막아지킬 계·경비할 계·삼가할 계)

❸ 여색(女色, sensuality) – 남성의 눈에 비치는 여성의 아름다운 자태

나 얼굴빛, 여자와의 육체적 관계.

- 女[여자 여(녀)·딸 여(녀)·처녀 여(녀)] • 色[빛 색·빛깔 색·낯(얼굴) 색·색정(色情) 색]

❹ **건강**(健康, health) – 몸에 아무런 탈이 없이 튼튼한, 육체와 정신이 정상적으로 활동하는 상태.

- 健(굳셀 건·건강할 건·튼튼할 건·꿋꿋할 건) • 康(편안 강·편안할 강·즐거울 강·열중하여 빠질 강)

❺ **탐내다**(貪~, covet·desire·want·be covetous of) – 몹시 마음에 들어 제 것으로 하고 싶어서 부러워하거나 욕심을 내는.

- 貪[탐낼 탐·탐할 탐·바랄 탐·희망할 탐·자초(自招)할 탐]

교양코너 – 『명심보감』

계선편(繼善篇 : 끊임없이 선행하기 편) – ①

- 繼(이을 계·계속할 계) • 善(착할 선·훌륭할 선) • 篇(책 편·서책 편)

착한 일을 하는 사람은 하늘이 복(福)으로 갚아주고 악(惡)한 일을 하는 사람은 하늘이 재앙(災殃)을 주시니라.

_ 공자(孔子)의 말씀

- 복(福) : 아주 좋은 운수, 삶에서 누리는 운 좋은 현상과 그것에서 얻어지는 기쁨과 즐거움.
- 악(惡) : 인간의 도덕적 기준에 맞지 않거나 나쁜 행위, 양심을 어기거나 남에게 피해를 주는.
- 재앙(災殃) : 화산·지진·태풍·홍수 같은 천변지이(天變地異)로 말미암아 생긴 불행한 사고.

- 공자(孔子) : 중국 춘추시대의 철학자, 사상가, 유교(儒教)의 시조(始祖).

- 선자(善者, 착한 사람·선량한 사람)의 반대는 불선자(不善者, 착하지 않은 사람. 좋지 못한 사람임.)

05

군자(君子)는 정의(正義)를 위해 살고, 소인(小人)은 이익(利益)을 위해 살며, 군자는 말을 적게 하고 소인을 말을 많이 한다. 도(道)와 진리(眞理)를 모르고 백년을 사느니보다는 하루라도 도를 알고 참답게 살아야 한다.

요점 이해

사회적 신분이 높고 고귀한 군자는 신분이 낮은 소인과 달리 이기주의를 버리고 도리와 진리에 맞게 처신해야 한다.

어휘·용어 풀이

❶ 군자(君子, a man of virtue) – 학식(學識)과 덕행(德行)이 높은 사람, 높은 벼슬자리에 있는 훌륭한 사람.

• 君[임금 군·영주(領主) 군·어진사람 군] • 子(아들 자·자식 자·사람 자·첫째지지 자·경칭 자)

❷ 정의(正義, justice) – 진리에 맞는 올바른 도리, 시민 사회를 유지하기 위한 도리.

＊아리스토텔레스의 정의는 '분배의 균등'이며, 플라톤의 정의는 '국가에 책무를 다하고 조화(調和)하는 것'임.

• 正(바를 정·정당할 정·올바를 정·정직할 정) • 義(옳을 의·의로울 의·바를 의·선량할 의)

❸ 소인(小人, a worthless person) – 신분이 낮고 남을 이해하고 감싸

주는 포용력이 적은 사람.

- 小(작을 소·적을 소·협소할 소·좁을 소·소인 소) • 人(사람 인·인간 인·다른사람 인·어른 인·인격 인)

❹ 이익(利益, benefit·profit) - 장사나 사업에서 수입이 생기는 일, 물질적 정신적으로 보탬이 되는 것.

- 利[이로울 이(리)·이득이될 이(리)·편할 이(리)·날카로울 이(리)] • 益(더할 익·이로울 익·유익할 익·도울 익·많을 익)

❺ 도(道, truth·morality·doctrines) - 인간이 마땅히 지켜야 할 도리, 종교적으로 깊이 통하여 알게 되는 이치 또는 그런 경지.

- 道(길 도·갈 도·가르칠 도·깨달을 도·다스릴 도·이끌 도)

❻ 진리(眞理, truth) - 언제나 어떠한 경우에도 오래오래 모든 사람들에게 타당하다고 인정되는 바른 이치와 참된 도리, 사실이 논리의 법칙에 모순되지 아니하는 바른 판단.

- 眞(참 진·진리 진·진실 진·본성 진·참으로 진) • 理[다스릴 리(이)·수선할 리(이)·이치 리(이)·깨달을 리(이)]

교양코너 – 『명심보감』

계선편(繼善篇, 끊임없이 선행하기 편) - ②

일생을 두고 착한 일을 하여도 착한 것이 오히려 모자라고, 단 하루라도 악(惡)한 일을 하면 악(惡)은 스스로 남아 있느니라.

– 마원(馬援)의 말씀

- 악(惡) : 인간의 도덕적 기준에 맞지 않거나 나쁜 행위, 양심에 어긋나거나

남에게 피해를 주는.

• 마원(馬援) : 중국 후한(後漢) 때의 무장(武將) · 정치가.

06

남과 원수(怨讎)를 맺는 것은 재앙(災殃)의 씨를 심는 것이며 착한 것을 버리고 행(行)하지 않는 것은 스스로를 해치는 것이다. 바다는 마르면 그 바닥을 볼 수 있으나 사람은 죽어도 그 마음을 알지 못한다.

으점 이해

원수를 사랑하며 선량한 마음을 널리 베푸는 사람은 모두에 인정을 받으며 더불어 즐겁게 산다.

어휘·용어 풀이

❶ **원수**(怨讎, enemy·foe) - 자기나 자기 집·자기 나라에 원한이 맺힐 정도로 해를 입힌 사람이나 집단.

　• 怨(원망할 원·미워할 원·책망할 원·원수 원) • 讎(원수 수·원수갚을 수·갚을 수·비교하여바로잡을 수)

❷ **재앙**(災殃, calamity·disaster) - 화산·지진·홍수·화재·산사태·질병으로 말미암아 생긴 불행한 사고.

　• 災[재앙 재·화재 재·죄악(罪惡) 재] • 殃(재앙 앙·하늘이내리는벌 앙·해칠 앙)

　* **죄악**(罪惡) : 죄가 될 만한 나쁜 짓. 도덕이나 종교의 근본 취지나 계율(戒律)에 어긋나는 일.

❸ **행하다**(行~, act·conduct·practice) - 어떤 일을 몸소 실천하거나 직

접 해 나가는.

- 行(다닐 행·갈 행·행할 행·관찰할 행·유행할 행·돌 행)

❹ **해치다**(害~, harm·injure·hurt) – 해롭게 만드는, 손상을 입혀 망가지게 하는, 몸과 마음에 상처를 주거나 죽이는.

- 害(해할 해·거리낄 해·해로울 해·재앙 해)

교양코너 – 『명심보감』

효행편(孝行篇, 부모를 섬기기 편)

효자(孝子)가 어버이를 섬기는 것은 기거하심에 그 공경(恭敬)함을 다하고, 받들어 섬기는 데는 그 즐거움을 다하고, 병(病)이 들었을 때는 그 근심을 다하고, 죽음을 맞았을 때는 그 슬픔을 다하고, 제사가 있을 때는 그 엄숙함을 다할지니라.

_ 공자의 말씀

- **효자**(孝子) : 부모를 정성껏 잘 섬기는 아들 또는 자식.
- **기거**(起居) : 일정한 곳에서 먹고 자는 일상적인 생활.
- **공경**(恭敬) : 자기의 몸을 낮추고 상대방을 높이 받들고 존경하는.
- **엄숙**(嚴肅) : 말이나 태도가 위엄이 있고 정중한, 분위기가 장엄(莊嚴)하고 정숙(靜肅)한.

아버지께서 부르시거든 속히 대답하여 거슬리지 말고, 음식이 입에 있거든 곧 뱉고 대답(對答)할지니라.

_ 공자의 말씀

- **거스르다** : 일이 돌아가는 상황이나 남의 말이나 명령에 반대 또는 어긋나

는 태도를 취하다.

- ~할지니라 : 표정이나 태도 따위를 짓거나 나타내어야 하다를 예스럽게 표현하는. * 예스럽게 : 옛것과 같은 맛이나 멋이 있게.

- 공자(孔子) : 중국 춘추시대의 철학자·사상가, 유교(儒敎)의 시조(始祖).

07

도(道)가 행해지는 나라는 정의(正義)로 다스려지고 그렇지 않은 나라는 불의(不義)가 행세(行勢)한다. 말에는 반드시 실천(實踐)이 따라야 하고 용기(勇氣)에는 반드시 정의가 따라야 한다.

요점 이해

임금이 도리를 깨닫고 이치에 맞는 정치와 정의로 나라를 다스리면 옳지 못한 불의가 사라진다.

어휘·용어 풀이

❶ 도(道, truth·morality·doctrines) - 인간이 마땅히 지켜야 할 도리, 종교적으로 깊이 통하여 알게 되는 이치 또는 그런 경지.

　• 道(길 도·갈 도·가르칠 도·깨달을 도·다스릴 도·이끌 도)

❷ 정의(正義, justice) - 진리에 맞는 올바른 도리, 시민 사회를 유지하기 위한 도리.

　• 正(바를 정·정당할 정·올바를 정·정직할 정) • 義(옳을 의·의로울 의·바를 의·선량할 의)

❸ 불의(不義, immorality·injustice) - 의리·도의·정의에 어긋나는, 옳지 못한.

　• 不(아닐 불·아니 불·아닐 부·못할 불·말 불) • 義(옳을 의·의로울 의·바를 의·선량할 의)

❹ 행세(行勢 : assuming·political power) - 정치상·행정상의 권력이나

세력을 마구 휘두르는.

- 行(다닐 행·갈 행·행할 행·유행할 행·돌 행) • 勢(형세 세·권세 세·기세 세·기회 세·불
알 세)

❺ 실천(實踐 : practice) – 어떤 일을 실지로 수행하는, 무엇을 개조
하는 인간의 활동.

- 實(열매 실·씨 실·종자 실·재물 실·바탕 실·행할 실) • 踐(밟을 천·짓밟을 천·유린할
천·실천할 천)

❻ 용기(勇氣 : courage) – 두려운 일에 물러서지 아니하고 용감스
러운 기운으로 맞서는.

- 勇[날랠 용·용감할 용·과감할 용·강할 용·용사(勇士, 용맹스러운 군사) 용] • 氣[기운 기·
기백(氣魄) 기·기세 기·힘 기·숨 기]

교양코너 – 『명심보감』

정기편(正己篇, 올바른 성품을 갖추기 편) – ①

나를 귀(貴)하게 여김으로써 남을 천(賤)하게 여기지 말고, 자기가 크다고
해서 남의 작은 것을 업신여기지 말며, 용맹(勇猛)을 믿고서 적(敵)을 가볍
게 여기지 말라.

_ 태공의 말씀

* **강태공**(姜太公) : 중국 주(周)나라 초엽의 조신(朝臣)인 태공망(太公望)을 그의 성
(姓)과 함께 이르는 말.

• **조신**(朝臣) : 정치를 의논하고 집행하는 조정(朝廷)에 몸을 바치고 있는 모든
신하(臣下).

남의 비방(誹謗)을 들어도 성내지 말며 남의 칭찬을 들어도 기뻐하지 말라 남의 악(惡)한 것을 듣더라도 이에 동조(同調)하지 말며 남의 착한 것을 듣거든 곧 나아가 이를 정답게 하고 기뻐할 것이니라.

_ 강절소 선생의 말씀

* 강절소(康節邵) : 중국 송(宋)나라 유학자(儒學者).

• 비방(誹謗) : 까닭 없이 남을 비웃고 헐뜯어서 말하는.

• 동조(同調) : 남의 주장(主張)에 자기의 의견을 일치시키거나 보조를 맞추는.

08

부귀(富貴)가 인생의 목표(目標)가 돼서는 안 된다. 가난 속에도 행복(幸福)이 있고 인생(人生)의 의의(意義)는 옳게 사는 데 있다.

요점 이해

의미 있는 인생의 행복은 많은 재산과 높은 지위보다 가치 있는 삶에 있다

어휘·용어 풀이

❶ 부귀(富貴, riches and honours) - 재물을 아주 많이 가지고 있고 귀한, 재산이 많고 지위가 높은.

  •富[부유(富裕)할 부·가멸할(재산이 넉넉하고 많은) 부] •貴(귀할 귀·신분이높을 귀·귀중할 귀)

❷ 인생(人生, life·human life) - 태어나 생명(生命)을 가진 사람이 이 세상에서 활동을 하며 한평생 살아나가는 일.

  •人[사람 인·인간 인·다른사람 인·어른 인·성인(成人) 인] •生(날 생·낳을 생·살 생·기를 생·싱싱할 생)

❸ 목표(目標, mark·goal) - 일정한 목적을 정하고 그대로 나아가는 대상, 행동을 통하여 이루려는 최후의 결과.

• 目(눈 목·눈빛 목·시력 목·견해 목·안목 목) • 標(표할 표·나타낼 표·기록할 표·적을 표)

❹ 행복(幸福, happiness) − 복된 좋은 운수, 생활에서 충분한 만족과 살고 있는 기쁨을 느끼는 흐뭇한 상태.

• 幸[다행 행·행복 행·요행(僥倖) 행·은총(恩寵) 행] • 福[복 복·행복 복·복내릴 복·폭 (옷감의 너비) 복]

❺ 의의(意義, meaning·significance) − 사물의 속뜻이나 의미, 어떤 일 정한 사실이 지니고 있는 중요성이나 가치.

• 意(뜻 의·의미 의·생각 의·사사로운마음 의) • 義(옳을 의·의로울 의·바를 의·선량할 의)

교양코너 −『명심보감』

정기편(正己篇, 올바른 성품을 갖추기 편) − ②

임금을 높이어 공경(恭敬)하며 부모를 섬기며 웃어른을 삼가 예(禮)를 표하며, 덕(德)이 있는 이를 받들고 지혜(智慧)로운 것과 어리석은 것을 가려서 알며, 알지 못하는 것을 꾸짖지 말고, 모든 일이 순리(順理)로 오거든 막지 말며, 모든 일이 이미 갔거든 좇지 말고, 몸이 대접(待接)을 받지 못하거든 바라지 말며, 일이 이미 지나갔거든 생각지 말라.

• 공경(恭敬) : 남이나 어른을 대할 때 공손히 섬기는. 삼가고 존경하는.

• 삼가다 : 몸가짐이나 말과 행동을 신중하게 가지는.

• 예(禮) : 상대편에 대하여 마땅히 지켜야 할 도리. 경의(敬意)를 표하는.

• 덕(德) : 공경하고 포용성 있는 마음이나 품성. 어질고 너그러운 품성.

• 순리(順理) : 올바른 도리(道理)나 이치(理致)에 순종하는.

09

사람은 근면(勤勉)보다는 나태(懶怠)를, 절제(節制)보다는 방탕(放蕩)을, 수양(修養)보다는 안일(安逸)과 향락(享樂)을 추구(追求)하므로 항상 올바른 길로 인도(引導)해야 한다.

요점 이해

올바른 인생은 욕심을 부리지 않고 건전한 품성과 도덕과 지식을 부지런히 닦고 기리는 데 있다.

어휘·용어 풀이

❶ 근면(勤勉, diligence) - 매우 부지런한, 일상(日常)에서 모든 일에 부지런히 힘쓰는.

　• 勤(부지런할 근·부지런히일할 근·근무할 근·힘쓸 근) • 勉(힘쓸 면·부지런히일할 면·힘쓰도록격려할 면)

❷ 나태(懶怠, laziness·idleness) - 행동이 느리고 마음이 풀어져 느긋하며 게으른.

　• 懶[게으를 나(라)·나른할 나(라)·누울 나(라)] • 怠(게으를 태·게을리할 태·거만할 태·업신여길 태)

❸ 절제(節制, moderation·control) - 알맞게 조절하여 제한하는, 방종(放縱)하지 않도록 자기의 욕망을 제어(制御)하는.

- 節(마디 절·요약할 절·제한할 절·절약할 절) • 制(절제할 제·억제할 제·금할 제·바로잡을 제·법도 제)

❹ 방탕(放蕩, dissipation) – 술 마시기를 좋아하고 여자를 가까이 하는 잡기에 빠져 행실이 좋지 못한.

- 放[놓을 방·놓일 방·석방될 방·추방할 방·방자(放恣, 버릇이 없고 건방진)할 방] • 蕩[방탕할 탕·방종(放縱)할 탕·방자(放恣)할 탕]

❺ 수양(修養, moral culture·cultivation of the mind) – 몸과 마음을 단련하여 품성이나 지식이나 도덕을 닦는.

- 修(닦을 수·익힐 수·연구할 수·고칠 수·품행기를 수) • 養(낳아서기를 양·젖먹일 양·심어 가꿀 양·수양할 양)

❻ 안일(安逸, ease·indolence) – 특별히 할 일이 없이 편안하고 한가한.

- 安[편안 안·편안할 안·안존(安存, 아무런 탈 없이 평안히 지내는)할 안·즐거움에빠질 안]
- 逸(편안할 일·없어질 일·잃을 일·즐길 일·음탕할 일)

❼ 향락(享樂, enjoyment) – 편안하게 즐거움을 누리는, 쾌락을 그리워하는.

- 享[누릴 향·제사지낼 향·흠향(歆饗)할 향·잔치 향] • 樂[즐길 락(낙)·즐거울 락(낙)·노래 악·좋아할 요]

  * 흠향(歆饗) : 하늘과 땅의 신령(神靈)이나 천신(天神)이 제물(祭物)을 받는.

❽ 추구(追求, pursuit) – 끈질기게 뒤좇아 다니며 애써 구하는, 끝까지 연구하여 찾아내는.

- 追(좇을 추·이룰 추·구할 추·부를 추·사모할 추) • 求(구할 구·빌 구·청할 구·욕심부릴 구·취할 구)

❾ **인도하다**(引導~, guide·lead) - 사람을 가르쳐 올바르게 이끄는, 길을 안내하는.

- 引(끌 인·당길 인·이끌 인·인도할 인·늘일 인) • 導(인도할 도·이끌 도·소통하게할 도·통할 도)

교양코너 – 『명심보감』

안분편(安分篇, 편안한 마음으로 제 분수를 지키기 편)

교만(驕慢)하면 손해(損害)를 당하고 겸손(謙遜)하면 이로움을 받느니라.

_서경(書經)에서

- 서경(書經) : 유교(儒敎) 경전(經典)인 4서(書) 5경(經) 중 하나로 중국 고대(古代) 요순(堯舜) 때로부터 주(周)나라에 이르기까지의 제왕(帝王)과 신하(臣下)들의 언사(言辭)를 기록한 정치사 책.
- 교만(驕慢) : 제 스스로가 잘난 체하며 겸손함이 없이 건방지고 방자한.
- 겸손(謙遜) : 자신을 낮추고 상대방을 높이며 공손하게 대하는.

10

성인(聖人)은 정의(正義)를 존중(尊重)하며 이익을 돌보지 않고 나라의 위급(危急)함을 보면 목숨을 내놓으며 오래된 언약(言約)이라도 평생토록 잊지 않고 지킨다.

요점 이해

사물의 이치에 통달하고 덕과 지혜가 뛰어난 성인은 자기 이익보다 정의를 우선하며 나라가 위태로울 때는 자신의 목숨을 바친다.

어휘 · 용어 풀이

❶ 성인(聖人, sage·saint) – 사리에 통달하고 덕(德)과 지혜(智慧)가 뛰어나 만인의 스승이 될 만한 사람.

- 聖[성인 성·임금 성·걸출(傑出)한인물 성] · 人[사람 인·인간 인·다른사람 인·어른 인·성인(成人) 인]

❷ 정의(正義, justice) – 진리에 맞는 올바른 도리, 시민 사회를 유지하기 위한 도리.

* 아리스토텔레스의 정의는 '분배의 균등'이며, 플라톤의 정의는 '국가에 책무를 다하고 조화(調和)하는 것'임.

- 正(바를 정·정당할 정·올바를 정·정직할 정) · 義(옳을 의·의로울 의·바를 의·선량할 의)

❸ 존중(尊重, respect) - 상대방이나 관계되는 사람을 귀중하게 여기거나 귀중히 여기어 대하는.

- 尊(높을 존·높일 존·공경할 존·소중히생각할 존) • 重(무거울 중·소중할 중·귀중할 중·거듭할 중)

❹ 이익(利益, profit·gains) - 이롭고 도움이 되는 일, 장사나 사업에서 수입이 생기는 일, 물질적으로 보탬이 되는 일.

- 利[이로울 이(리)·이득이될 이(리)·편안할 이(리)·날카로울 이(리)] • 益(더할 익·이로울 익·유익할 익·도울 익·넉넉할 익)

❺ 위급(危急, crisis·emergency) - 마음을 놓을 수 없이 위태롭고 급한, 위험이 절박한.

- 危(위태할 위·위태로울 위·두려워할 위·불안할 위) • 急(급할 급·중요할 급·재촉할 급·빠를 급)

❻ 언약(言約, verbal promise) - 어떤 일이나 무엇을 할 것을 서로가 말로 약속하는.

- 言(말씀 언·말 언·견해 언·의견 언·언론 언) • 約(맺을 약·약속할 약·묶을 약·다발로 지을 약)

❼ 평생(平生, one's whole life·one's lifetime·lifelong) - 사람이 세상에 태어나서 죽을 때까지의 동안 또는 죽을 때까지 겪는 생활.

- 平(평평할 평·판판할 평·평정할 평) • 生(날 생·낳을 생·살 생·기를 생·싱싱할 생·백성 생)

교양코너 - 『명심보감』

존심편(存心篇, 본연의 마음을 지키기 편)

남을 꾸짖는 자(者)는 사귐을 온전(穩全)히 할 수 없고, 자기를 용서(容恕)하는 자(者)는 허물을 고치지 못하느니라.

_경행록(景行錄)에서

- 온전(穩全) : 본바탕 그대로 고스란한, 결점이 없고 완전한.
- 허물 : 그릇 또는 잘못 저지른 실수, 사람을 대할 때 비판 받을 만한 단점.
- 경행록(景行錄) : 중국 송(宋)나라 때 지은 교양서(敎養書).

11

쓸데없는 생각은 정신(精神)을 상(傷)하게 하고 허망(虛妄)한 행동은 화(禍)를 이룬다. 만족(滿足)함을 아는 자는 가난하여도 즐거워하며 만족함을 모르는 자는 부귀(富貴)하여도 역시 근심한다.

요점 이해

쓸데없는 잘못된 생각과 실속 없는 헛된 행동을 하면 자기 삶에 대한 즐거움도 없고 야망도 없다.

어휘·용어 풀이

❶ 정신(精神, spirit·soul) – 사물을 보고 느끼고 생각하며 판단하는 능력, 육체나 물질에 대한 영혼이나 마음.
  • 精[정할(정성을 들여서 매우 고운) 정·정기 정·정신 정] • 神(귀신 신·신령 신·정신 신·혼 신·마음 신)

❷ 상하다(傷~, get hurt·be distressed) – 음식이 썩거나 몸이 다쳐 상처를 입는.
  • 傷(다칠 상·해칠 상·애태울 상·근심할 상·불쌍히여길 상·상할 상·상처 상)

❸ 허망(虛妄, untruth·falsity) – 어떤 사실이나 닥친 상황이 어이없고 공허한.
  • 虛(빌 허·없을 허·비워둘 허·공허할 허·구멍 허) • 妄(망령될 망·허망할 망·헛될 망·잊

논어 **249**

을 망)

④ 행동(行動, action·behaviour) – 동작을 하여 행하는 일, 자극에 대한 본능적인 동작이나 반응.
- 行(다닐 행·갈 행·행할 행·유행할 행·돌 행) • 動(움직일 동·옮길 동·흔들릴 동·감응할 동)

⑤ 화(禍, evil·misfortune) – 홍수·지진·화재·사고 등의 재앙(災殃)과 모질고 사나운 운수(運數). 몸과 마음이나 어떤 일에 뜻밖에 당하는 불행이나 손실.
- 禍(재앙 화·사고 화·죄 화·허물 화·해칠 화)

⑥ 만족하다(滿足~, be satisfied with) – 바라던 대로 모든 것이 다 이루어져 마음이 흐뭇하다.
- 滿(찰 만·가득할 만·만족할 만·풍족할 만) • 足(발 족·뿌리 족·근본 족·넉넉할 족·충족할 족)

⑦ 부귀(富貴, riches and honours) – 재물을 아주 많이 가지고 있고 귀한, 재산이 많고 지위가 높은.
- 富(부유할 부·재산이넉넉할 부·풍성풍성할 부) • 貴(귀할 귀·신분이높을 귀·중요할 귀·귀중할 귀)

⑧ 근심하다(worry about·be anxious over) – 마음이 놓이지 않아 속을 태우다, 괴롭게 애를 쓰다.

교양코너 –『명심보감』

계성편(戒性篇, 성품을 깨끗하게 지키기 편) – ①

사람의 성품(性品)은 물과 같아서 물이 한번 기울어지면 가히 회복(回復)시킬 수 없고, 성품(性品)이 한번 놓여 지면 바로 잡을 수 없을 것이니, 물을 잡으려는 자(者)는 반드시 제방(堤坊)으로써 하고, 성품(性品)을 올바르게 하려는 자(者)는 반드시 예법(禮法)으로써 해야 되느니라.

_ 경행록(景行錄)에서

• 성품(性品) : 성질과 품격, 즉 본디부터 가지고 있는 특성과 사람 됨됨이.

12

아버지가 근심하지 않는 것은 자식(子息)이 효도(孝道)하기 때
문이고, 남편이 번뇌(煩惱)가 없는 것은 아내가 어질기 때문이
며, 의(義)가 끊어지고 친(親)함이 벌어지는 것은 오직 돈 때문
이다.

요점 이해

도리를 깨달은 자식이 효도로 부모를 섬기고, 지혜로운 아내
가 어진 마음으로 남편을 섬기면 가족은 언제나 화목하다.

어휘 · 용어 풀이

❶ 근심하다(worry about · be anxious over) - 마음이 놓이지 않아 속을
태우다, 괴롭게 애를 쓰다.

❷ 자식(子息, one's sons and daughters) - 부모가 낳은 아들과 딸을 그
부모에 상대하여 이르는 말.

• 子(아들 자 · 자식 자 · 첫째지지 자 · 사람 자 · 스승 자) • 息(숨을쉴 식 · 호흡할 식 · 생존할 식 ·
번식할 식)

❸ 효도(孝道, filial duty) - 부모를 정신적으로 물질적으로 봉양(奉養)
하며 잘 섬기는 노력.

• 孝[효도 효 · 상복(喪服) 효 · 제사 효 · 부모섬길 효] • 道(길 도 · 갈 도 · 가르칠 도 · 깨달을 도 · 이
끌 도)

④ 번뇌(煩惱, anxiety·anguish) - 마음이 시달려서 괴로운, 욕망이나 노여움이나 어리석음 따위로 인한 이치에 어긋나는 생각.

• 煩(번거로울 번·번잡할 번·성가실 번·귀찮을 번) • 惱(번뇌할 뇌·괴로울 뇌·괴롭힐 뇌·원망할 뇌)

⑤ 어질다(be benevolent·be kindhearted) - 마음이 너그럽고 인정이 두터우며 슬기롭고 착한.

⑥ 의(義, righteousness·justice) - 사람으로서 지켜야 할 떳떳하고 정당한 도리.

• 義(옳을 의·의로울 의·바를 의·선량할 의·착할 의·순응할 의·맺을 의)

⑦ 친하다(親~, be intimate·be familiar) - 사귀는 사이가 썩 가까워 정의(情意)가 두터운.

  * 情意(정의) : 감정과 의지. 정과 뜻. 마음.

• 親(친할 친·가까울 친·사랑할 친·사이좋을 친·어버이 친·친척 친·혼인 친)

교양코너 – 『명심보감』

계성편(戒性篇, 성품을 깨끗하게 지키기 편) - ②

한때의 분(忿)한 것을 참으면 백일(百日)의 근심을 피할 수 있느니라. 참고 또 참고 경계(警戒)할 수 있으면, 또 경계(警戒)하라. 참지 못하고 경계(警戒)하지 않으면 작은 일이 크게 되느니라. 어리석고 똑똑하지 못한 자(者)가 성을 내는 것은 다 이치(理致)에 통달(通達)하지 못했기 때문이다. 마음 위에 불길을 더하지 말고, 다만 귓전을 스치는 바람결로 여겨라.

장점(長點)과 단점(短點)은 집집마다 있고 따뜻함과 싸늘함은 곳곳이 같으니라. 옳고 그름이란 본래 실상(實相)이 없어서 마침내 모두가 다 헛된 것이 되느니라.

_ 경행록(景行錄)에서

- 경계(警戒) : 뜻밖의 사고나 나쁜 일이 생기지 않도록 미리 마음을 가다듬어 단속하는.
- 이치(理致) : 사물(事物)에 관한 정당한 합리성이나 도리(道理)에 맞는 취지.
- 통달(通達) : 어떤 분야의 일이나 기예·지식 따위에 막힘이 없이 환히 통하는.
- 실상(實相) : 실제의 모양이나 상태, 있는 그대로의 참모습.

13

옳은 일에는 먼저 앞장서고 자신이 잘못한 일에는 먼저 반성
(反省)하고 행동(行動)할 때에는 흥분(興奮)하지 말고 침착(沈着)
해야 한다.

요점 이해

논리적이고 지혜로운 사람은 언제나 침착한 마음으로 자기의
잘잘못을 판단하며 올바르게 행동한다.

어휘·용어 풀이

❶ 반성(反省, self-reflection·introspection) - 자기 자신의 과거의 언행(言
行)에 관하여 잘못이나 모자람이 없는가를 돌이켜 생각하는.

 • 反(돌이킬 반·돌아올 반·되풀이할 반·되돌아볼 반) • 省(살필 성·깨달을 성·명심할 성)

❷ 행동(行動, action·behaviour) - 동작을 하여 행하는 일, 자극에 대
한 본능적인 동작이나 반응.

 • 行(다닐 행·갈 행·행할 행·유행할 행·돌 행) • 動(움직일 동·옮길 동·흔들릴 동·감응
할 동)

❸ 흥분(興奮, excitement·excitation) - 어떤 자극(刺戟)으로 감정이 북받
쳐 일어나는. 외부로부터 자극을 받아 생근 감각 세포나 신
경 단위의 반응이나 변화.

- 興(일 흥·일으킬 흥·시작할 흥·창성할 흥) • 奮(떨칠 분·널리드날릴 분·성낼 분·분격할 분)

❹ **침착**(沈着, composure·self-possession) – 마음과 행동이 들뜨거나 덜렁거리지 않고 찬찬한.

교양코너 –『명심보감』

근학편(勤學篇, 배우고 익혀 부지런히 공부하기 편)

널리 배워서 뜻을 두텁게 하고 묻기를 간절(懇切)히 하여 생각을 가까이 하면 어짐(仁)이 그 속에 있느니라.

_공자(孔子)의 말씀

• 간절(懇切) : 진심에서 나오는 요구가 지성스럽고 절실한.

사람이 배우지 않음은 재주 없이 하늘에 오르려는 것과 같고, 배워서 지혜(智慧)가 깊으면 상서(祥瑞)로운 구름을 헤치고 푸른 하늘을 보며 높은 산(山)에 올라 사해(四海)를 바라보는 것과 같으니라.

_장자(莊子)의 말씀

• 지혜(智慧) : 사물의 이치를 빨리 깨달아 밝히고 시비와 선악을 정확하게 가려내는 능력.
• 상서(祥瑞)로운 : 복(福)되고 즐거운 좋은 일이 일어날 조짐이 있을 만한.
• 사해(四海) : 동서남북 사방의 바다, 온 세상.
• 장자(莊子) : 중국 전국 시대(戰國時代)의 사상가(思想家). 사물(事物)의 시비(是非)와 선악(善惡)을 초월하여 자연 그대로 살아가는 자연 철학(哲學)을 제창하였음.

14

위정자(爲政者)가 행할 다섯 가지 미덕(美德)은 국민의 복리(福利)를 도모(圖謀)하고, 자신의 낭비(浪費)를 금하며, 세금(稅金)으로 인한 원망(怨望)을 듣지 않고 인정(人情)을 베풀며 사리사욕(私利私慾)을 버리는 것이다.

요점 이해

나라를 위해 정치하는 위정자는 개인의 욕심과 낭비보다는 국민의 행복과 이익을 먼저 생각하고 지켜야 한다.

어휘·용어 풀이

❶ 위정자(爲政者, administrator) – 어떤 관직(官職)에 있으면서 정치하는 사람.

• 爲(할 위·위할 위·다스릴 위·될 위) • 政(정사 정·나라다스릴 정·구실 정·법규 정) • 者(사람 자·놈 자)

❷ 미덕(美德, virtue·noble attribute) – 아름답고 착하고 장하며 어질고 너그러운 행실.

• 美(아름다울 미·맛날 미·경사스러울 미·즐길 미) • 德(큰 덕·베풀 덕·고맙게생각할 덕·선행 덕)

❸ 국민(國民, nation·people) – 국가의 통치권 아래 있는 사람, 국적을 가지고 있으며 일정한 권리와 의무를 지니고 있는 자.

• 國(나라 국·국가 국·세상 국) • 民(백성 민·사람 민·직업인 민)

❹ 복리(福利, public welfare·well-being) - 국민이나 시민·회사원 등을 위한 행복과 이익.

• 福(복 복·행복 복·복을내릴 복) • 利[이로울 리(이)·이득될 리(이)·날카로울 리(이)]

❺ 도모하다(圖謀~, plan·devise) - 앞으로 할 일을 이루기 위하여 수단과 방법을 꾀하는.

• 圖(그림 도·도장 도·서적 도·꾀할 도·방법을세울 도) • 謀[꾀 모·지략(智略) 모·계략 모·계책 모]

❻ 낭비(浪費, waste·wastefulness) - 시간이나 재물 따위를 쓰지 않아도 될 경우에 필요 이상으로 헤프게 쓰는.

• 浪[물결 낭(랑)·함부로 낭(랑)] • 費(쓸 비·소비할 비·소모할 비)

❼ 세금(稅金, tax·duty) - 법률에 의하여 국민이 국가에 조세(租稅)로 바치는 돈.

• 조세 : 국민으로부터 강제로 걷어 들이는 수입.

• 稅(세금 세·구실 세·임대할 세) • 金(쇠 금·금 금·돈 금·성씨 김)

❽ 원망(怨望, resentment·reproach) - 남이 한 일 등에 대하여 마음에 들지 않아 탓하거나 불평을 갖고 미워하는.

• 怨(원망할 원·책망할 원·나무랄 원) • 望(바랄 망·원망할 망·기대할 망·그리워할 망)

❾ 인정(人情, human desire·sympathy) - 사람이 가지고 있는 본래의 감정이나 심정. 남을 도와주는 따뜻하고 갸륵한 마음.

• 人[사람 인·인간 인·다른사람 인·어른 인·성인(成人) 인] • 情(뜻 정·사랑 정·인정 정·정성 정)

❿ 사리사욕(私利私慾, one's selfish interests and desire) - 공적(公的)이 아닌 개인을 위한 물질적, 정신적 이익이나 욕심.

• 私(사사 사·사사로울 사·집안 사) • 利[이로울 리(이)·이득될 리(이)·날카로울 리(이)] •

慾[욕심 욕·탐낼 욕·욕정(欲情·慾情) 욕]

15

위정자(爲政者)는 명철(明哲)한 지혜와 인애(仁愛)의 덕(德)과 위엄(威嚴)을 갖추어야 하지만 더 중요한 것은 예(禮)로써 백성(百姓)을 다스리는 것이다.

요점 이해

정치를 수행하는 위정자는 백성을 사랑과 지혜와 포용심과 예의로써 다스려야 한다.

어휘·용어 풀이

❶ 위정자(爲政者, administrator) – 어떤 관직(官職)에 있으면서 정치하는 사람.

- 爲(할 위·위할 위·다스릴 위·될 위) • 政(정사 정·나라다스릴 정·구실 정·법규 정) • 者(사람 자·놈 자)

❷ 명철(明哲, sagacity) – 총명하여 사물의 이치나 세상의 현실 형편에 환하게 밝은.

- 明(밝을 명·밝힐 명·날샐 명·깨끗할 명·흴 명) • 哲[밝을 철·슬기로울 철·결단할 철·철인(哲人, 도리나 사리에 밝은 사람) 철]

❸ 지혜(智慧, wisdom) – 사물의 이치를 빨리 깨달아 밝히고 시비(是非)와 선악(善惡)을 정확하게 가려내는 능력.

- 智(지혜 지 · 슬기 지 · 재능 지 · 모략 지 · 총명할 지) • 慧(슬기로울 혜 · 총명할 혜 · 교활할 혜)

❹ 인애(仁愛 : kind love · humane affection) – 너그럽고 인정 많은 마음으로 남을 사랑하는.

- 仁(어질 인 · 자애로울 인 · 인자할 인 · 사랑할 인) • 愛(사랑 애 · 자애 애 · 인정 애 · 사랑할 애)

❺ 덕(德, virtue) – 공정하고 포용성 있는 마음이나 품성, 도덕적 이상과 법칙을 좇아 의견을 결정하는 인격적 능력.

- 德[큰 덕 · 베풀(도와주어서 혜택을 받게 하는) 덕 · 고맙게생각할 덕 · 선행 덕 · 정의 덕]

❻ 위엄(威嚴, dignity) – 존경하며 엄숙하여 어려워할 만한 겉모습.

- 威(위엄 위 · 권위 위 · 세력 위 · 힘 위 · 권세 위) • 嚴[엄할 엄 · 혹독(酷毒)할 엄 · 엄격할 엄]

❼ 예(禮, courtesy · propriety) – 상대편에 대하여 마땅히 지켜야 할 도리, 경의를 표하는.

- 禮[예도 예(례) · 예절 예(례) · 절 예(례) · 예물 예(례) · 의식 예(례)]

❽ 백성(百姓, the people · the nation) – 백 가지 성(姓)으로 된 벼슬이 없는 일반 국민을 예스럽게 이르는 말.

- 百(일백 백 · 백번 백 · 여러 백 · 모두 백 · 온갖 백) • 姓[성씨 성 · 백성 성 · 겨레 성 · 씨족 성 · 천성(天性) 성]

교양코너 – 『명심보감』

훈자편(訓子篇, 자식 가르치기 편)

집안에 어진 어버이와 형(兄)이 없고 밖으로 엄한 스승과 벗이 없으면 능히 성취(成就)함이 있는 자(者)는 드무니라.

_여영공(呂榮公)의 말씀

• 스승 : 학문과 인간의 도리(道理)를 가르쳐 자기를 올바르게 이끌어 준 사람.

• 능(能)히 : 능력이 있어서 쉽게, 능란하고 익숙하게.

• 성취(成就) : 목적대로 또는 계획대로 뜻대로 일을 이루는.

• 여영공(呂榮公) : 중국 북송(北宋) 때의 학자로 이름은 희철(希哲)이고 자(字)는 원명(原明)이며 여영(呂榮)은 시호(諡號)임.

16

자기 스스로가 알려고 분발(奮發)하여 일부분을 일러주면 전체를 추리(推理)하려고 노력하는 자세(姿勢)가 곧 학문(學問)의 자세이다.

요점 이해

사물의 이치를 탐구하는 학문의 자세는 용기를 내어 도전하는 것이며 새로운 문제를 끊임없이 이끌어 내는 것이다.

어휘·용어 풀이

❶ **분발**(奮發, strenuous exertions) – 마음을 굳게 먹고 힘을 내는 또는 기운을 내는.

• 奮[떨칠 분·명성을날릴 분·성낼 분·분격(憤激, 몹시 분하고 노여운 감정이 북받쳐 오르는) 할 분] • 發(필 발·쏠 발·일어날 발·떠날 발·계발할 발)

❷ **추리**(推理, inference·reasoning) – 이미 알고 있는 판단으로부터 새로운 판단을 이끌어내는 사유 작용(思惟作用).

• 推(밀 추·추천할 추·헤아릴 추) • 理[다스릴 리(이)·깨달을 리(이)·이치 리(이)·수선할 리(이)]

❸ **자세**(姿勢, posture) – 몸을 가지는 모양 또는 몸을 취하는 태도.

• 姿(모양 자·모습 자·맵시 자·성품 자·자태 자) • 勢[형세 세·권세 세·기세 세·기회(機

會) 세·불알 세]

❹ 학문(學問, learning·scholarship) – 인문·사회나 자연·과학 등 어떤
분야를 체계적으로 배우고 연구하는, 사물(事物)을 탐구(探究)
하여 이론적으로 체계화된 지식을 이루는 일.

• 學[배울 학·공부할 학·흉내낼 학·학문 학) • 問[물을 문·문초(問招)할 문·방문할 문·찾
을 문]

교양코너 – 『명심보감』

성심편(省心篇, 마음을 살펴 조심하기 편) – ①

하늘에는 예측(豫測)할 수 없는 바람과 비가 있고, 사람에겐 아침·저녁으
로 예측할 수 없는 화(禍)와 복(福)이 있느니라.

_ 경행록(京行錄)에서

• 예측(豫測) : 앞으로 일어날 일을 미리 짐작하거나 추측하고 어림하는.

• 화(禍) : 홍수·지진·화재·사고 등의 재앙과 모질고 사나운 운수.

• 복(福) : 삶에서 누리는 좋은 운수와 그것에서 얻어지는 기쁨과 즐거움.

복(福)이 있다 해도 다 누리지 말라. 복(福)이 다하면 몸이 빈궁(貧窮)해 질
것이요. 권세(權勢)가 있다 해도 다 부리지 말라. 권세(權勢)가 다하면 원
수와 서로 만나느니라. 복(福)이 있거든 항상 스스로 아끼고 권세(權勢)가
있거든 항상 스스로 공손하라. 사람이 살아가는 데 있어 교만(驕慢)과 사
치(奢侈)는 처음은 있으나 끝이 없는 일이 많느니라.

_ 격양시(擊壤詩)에서

• 빈궁(貧窮) : 생활이 몹시 가난하고 어려운.

• 권세(權勢) : 지배하는 강한 힘과 누리는 기세.

• 격양시(擊壤詩) : 중국 송(宋)나라 때 소옹(邵雍)이 편찬한 격양집(擊壤集)에 실려 있는 시(詩).

* 격양(擊壤) : 옛날에 땅을 치며 노래를 부르는 유희(遊戲, 즐겁게 놀며 장난하는).

17

자식(子息)이나 제자(弟子)를 사랑한다면 학문(學問)과 덕(德)을 닦도록 하고, 벗이나 윗사람을 위한다면 잘못을 일깨워 줘야 한다.

요점 이해

자식과 제자에 대한 진정한 사랑은 지식과 포용성을 가르치는 일이며, 벗이나 윗사람에 대한 진정한 도리는 잘못을 일깨워 주는 것이다.

어휘 · 용어 풀이

① 자식(子息, one's sons and daughters) – 부모가 낳은 아들과 딸을 그 부모에 상대하여 이르는 말.

• 子(아들 자·자식 자·첫째지지 자·사람 자·스승 자) • 息(숨을쉴 식·호흡할 식·생존할 식· 번식할 식)

② 제자(弟子, a disciple · a student) – 스승을 따라 가르침을 받거나 또는 받은 사람.

• 弟(아우 제·나이어린사람 제·제자 제·자기 제) • 子(아들 자·자식 자·첫째지지 자·사람 자·스승 자)

③ 학문(學問, learning · scholarship) – 인문 · 사회나 자연 · 과학 등 어떤

분야를 체계적으로 배우고 연구하는, 사물(事物)을 탐구(探究)하여 이론적으로 체계화된 지식을 이루는 일.

• 學(배울 학·공부할 학·흉내낼 학·학문 학) • 問(물을 문·문초(問招)할 문·방문할 문·찾을 문)

❹ 덕(德, virtue) - 공정하고 포용성 있는 마음이나 품성, 도덕적 이상과 법칙을 좇아 의견을 결정하는 인격적 능력.

• 德[큰 덕·베풀(도와주거나 혜택을 받게 하는) 덕·고맙게생각할 덕·선행 덕·정의 덕]

교양코너 - 『명심보감』

성심편(省心篇, 마음을 살펴 조심하기 편) - ②

하늘에 제사(祭祀)를 지내고 사당(祠堂)에 제례(祭禮) 올림에도 술이 아니면 흠향(歆饗)치 않을 것이요, 임금과 신하(臣下), 벗과 벗 사이에도 술이 아니면 의리(義理)가 두터워지지 않을 것이요, 싸움을 하고 서로 화해(和解)함에도 술이 아니면 권하지 못할 것이다. 그러므로 술에는 일을 성사(成事)시키고 망치는 것이 있지만, 그러나 엎어지도록 이를 마셔서는 안 되느니라.

_사기(史記)에서

• 사당(祠堂) : 조상의 신주(神主)를 모셔 놓는 집.

• 제례(祭禮) : 제사(祭祀)의 예식 또는 예절.

• 흠향(歆饗) : 하늘과 땅의 신령(神靈)이나 천신(天神)이 제물(祭物)을 받는.

• 성사(成事) : 어떤 일이 잘 이루어지게 하는.

• 사기(史記) : 중국 한(漢)나라 사마천(司馬遷)이 황제(黃帝)로부터 한나라 무제(武帝)까지의 역대 왕조(王朝)의 사적을 적은 역사책.

18

지(知)를 좋아하고 인(仁)과 용(勇)을 행하는 것이 곧 제가(齊家)·치국(治國)·평천하(平天下)의 근본(根本)인 수신(修身)의 길이다.

요점 이해

집안과 나라를 다스리고 온 세상을 평온하게 하기 위해서는 가장 먼저 자신의 마음과 행실을 바르게 닦아야 한다.

어휘·용어 풀이

❶ 지(知) – 사물을 인식하고 판단하는 정신 작용.

  • 知(알 지·알릴 지·지식 지·슬기 지)

❷ 인(仁) – 유교의 도덕·정치 이념.

  • 仁(어질 인·자애로울 인·사랑할 인)

❸ 용(勇) – 씩씩하고 굳센 기운.

  • 勇(날랠 용·용감할 용·과감할 용)

❹ 제가(齊家, the management of one's household) – 집안을 잘 다스려 격식에 맞게 바로잡는.

  • 齊(가지런할 제·단정할 제·질서정연할 제) • 家(집 가·자기집 가·가족 가·집안 가·전문가 가)

⑤ 치국(治國, governing a country) − 나라를 잘 다스리는, 질서가 유지되도록 나라를 바로잡는.

- 治(다스릴 치·바로잡을 치·병을고칠 치) • 國[나라 국·국가 국·서울(도읍) 국·고향 국]

⑥ 평천하(平天下, pacification of the universe) − 백성이나 인류가 살고 있는 온 세상을 걱정이나 아무 탈이 없이 평화롭게 하는.

- 平(평평할 평·편안할 평) • 天(하늘 천·하느님 천·타고난천성 천) • 下(아래 하·밑 하·뒤 하·임금 하)

⑦ 근본(根本, the root·the origin) − 초목의 뿌리·어떤 것의 본질로 되거나 근원이 되거나 주(主)가 되는 것.

- 根(뿌리 근·근본 근·밑동 근·생식기 근) • 本(근본 본·초목의뿌리 본·줄기 본·원래 본·본디 본)

⑧ 수신(修身, moral training) − 악(惡)을 물리치고 선(善)을 북돋아서 마음과 행실을 착하게 닦는.

- 修(닦을 수·익힐 수·연구할 수·고칠 수·정리할 수) • 身(몸 신·신체 신·자기 신·자신 신·신분 신)

교양코너 −『명심보감』

성심편(省心篇, 마음을 살펴 조심하기 편) − ③

인(仁)을 베풀고 덕(德)을 펴은 곧 대대(代代)로 번영(繁榮)을 가져올 것이요, 시기(猜忌)하는 마음을 품고 원한(怨恨)을 보복함은 자손에게 주는 근심이 되느니라. 남을 해롭게 해서 자기를 이롭게 한다면, 마침내 현달(顯達)하는 자손이 없고, 뭇 사람을 해롭게 해서 성가(成家)를 한다면 어찌 오래갈 부귀(富貴)가 있겠는가.

_진종황제어제(眞宗皇帝御製)에서

- 인(仁) : 남을 사랑하고 어질게 행동하는 일.

- 덕(德) : 공정하고 포용성이 있는 마음이나 품성.

- 현달(顯達) : 벼슬·명성·덕망이 높아서 이름이 세상에 드러나는.

- 진종황제어제 : 중국 송(宋)나라 3대 황제인 진종(眞宗)이 직접 지은 글.

19

지자(智者)는 자기 일에 전력(全力)을 기울이는 사람이요. 인자(仁者)는 어려운 일에 앞장서는 정의의 인간을 뜻한다. 편견(偏見)은 이기적(利己的)인 욕심에서 생기며 정의(正義)는 공평무사(公平無私)한 데서 나온다.

요점 이해

지혜로운 사람은 자기 일에 충실하고, 어진 사람은 남의 일에 충실하며, 정의로운 사람은 공평과 도리에 충실하다.

어휘·용어 풀이

❶ 지자(智者, a man of wisdom) – 사물의 이치에 밝고 시비(是非)와 선악(善惡)을 정확히 가려내는 지혜가 있는 사람.

- 智(슬기 지·지혜 지·재능 지·모략 지) •者(놈 자·사람 자·것 자·곳 자·장소 자·무리 자)

❷ 전력(全力, all one's strength) – 온 힘, 모든 힘, 어떤 일에 최선을 다하는.

- 全[온전할 전·순전(純全, 순수하고 완전한)할 전·무사할 전·모두 전] • 力(힘 력·하인 력· 일꾼 력·군사 력·병사 력·힘쓸 력)

❸ 인자(仁者, a benevolent person) – 마음이 너그럽고 인정이 두터우며 슬기롭고 착한 사람.

- 仁(어질 인·자애로울 인·인자할 인·사랑할 인) •者(놈 자·사람 자·것 자·곳 자·장소

자·무리 자)

❹ 정의(正義, justice) - 진리에 맞는 올바른 도리, 시민 사회를 유
지하기 위한 도리.

  * 아리스토텔레스의 정의는 '분배의 균등'이며, 플라톤의 정의는 '국가에 책
    무를 다하고 조화(調和) 하는 것'임.

  • 正(바를 정·정당할 정·올바를 정·정직할 정) • 義(옳을 의·의로울 의·바를 의·선량할 의)

❺ 인간(人間, man·human·human being) - 생각하고 말하며 도구를 만
들어 사용하고 공동생활을 이루며 사는 사람.

  • 人(사람 인·인간 인·다른사람 인·어른 인·인격 인) • 間(사이 간·때 간·동안 간·틈새 간·몰래 간)

❻ 편견(偏見, prejudiced view) - 공정하지 못하고 한쪽으로 치우친
생각, 원칙 없이 이루어진 판단과 태도.

  • 偏(치우칠 편·쏠릴 편·기울 편) • 見(볼 견·견해 견·뵈올 현)

❼ 이기적(利己的, self-interested) - 자기 개인의 이익만 차리는 것.

  • 利[이로울 이(리)·편리할 이(리)·날카로울 이(리)] • 己(몸 기·자기 기·사욕 기) • 的(과녁
    적·목표 적·~의 적)

❽ 욕심(慾心, selfishness·greed) - 몹시 하고자 하거나 가지고 싶어서
탐내는 마음.

  • 慾[욕심 욕·욕정(慾情) 욕·탐낼 욕] • 心(마음 심·뜻 심·의지 심·생각 심·가슴 심)

❾ 공평무사(公平無私, impartiality·fairness and impartiality) - 어느 한쪽으로
치우치지 않게 공평하여 사사로움이 없는.

  • 公(공평할 공·공변될 공·공평무사할 공) • 平(평평할 평·판판할 평·편안할 평·화목할 평)
  • 無(없을 무·아닐 무·말 무·금지할 무·비록 무) • 私(사사 사·사사로울 사·가족 사·집안 사)

20

지자(知者)란 냉철(冷徹)한 지혜(智慧)가 있는 이지적(理智的)인 인간이고 인자(仁者)란 인후(仁厚)한 덕(德)이 있는 군자(君子)라는 뜻이다.

요점 이해

현명한 사람은 이성과 지혜로 판단하고 슬기롭고 착한 사람은 덕행을 실천하는 군자를 뜻한다.

어휘·용어 풀이

❶ 지자(知者, a man of intelligence) – 지식이 많고 사물의 이치에 밝은 사람. 현명한 사람.

• 知(알 지·알릴 지·드러낼 지·주관할 지) • 者(놈 자·사람 자·것 자·곳 자·장소 자·무리 자)

❷ 냉철하다(冷徹~, cool-headed·hard-headed) – 생각·판단 따위가 감정에 흐르지 않고 사물의 본질을 정확하게 꿰뚫고 있는.

❸ 지혜(智慧, wisdom) – 사물의 이치를 빨리 깨달아 밝히고 시비(是非)와 선악(善惡)을 정확하게 가려내는 능력.

• 智(지혜 지·슬기 지·재능 지·모략 지·총명할 지) • 慧(슬기로울 혜·총명할 혜·교활할 혜)

❹ 이지적인(理智的~, intellectual) – 이성(理性)과 지혜를 기초로 하여

행동하고 판단하는 것.

- 理[다스릴 이(리)·깨달을 이(리)·이치 이(리)·수선할 이(리)] • 智(슬기 지·지혜 지·재능 지) • 的(과녁 적·목표 적·~의 적)

❺ 인간(人間, man·human·human being) - 생각하고 말하며 도구를 만들어 사용하고 공동생활을 이루며 사는 사람.

- 人[사람 인·인간 인·다른사람 인·어른 인·성인(成人) 인] • 間(사이 간·때 간·동안 간·틈새 간·몰래 간)

❻ 인자(仁者, a benevolent person) - 마음이 너그럽고 인정이 두터우며 슬기롭고 착한 사람.

- 仁(어질 인·자애로울 인·인자할 인·사랑할 인) • 者(놈 자·사람 자·것 자·곳 자·장소 자·무리 자)

❼ 인후한(仁厚~, benevolent and virtuous) - 마음이 어질고 두터운 덕행(德行).

- 仁(어질 인·자애로울 인·인자할 인·사랑할 인) • 厚(두터울 후·후할 후·지극할 후·친할 후)

❽ 덕(德, virtue) - 공정하고 포용성이 있는 마음이나 품성, 도덕적 이상과 법칙을 좇아 의견을 결정하는 인격적 품격.

- 德[큰 덕·베풀(도와주어서 혜택을 받게 하는) 덕·고맙게생각할 덕·선행 덕·정의 덕]

❾ 군자(君子, a man of virtue) - 학식과 덕행이 높은 사람, 높은 벼슬자리에 있는 훌륭한 사람.

- 君[임금 군·영주(領主) 군·어진사람 군] • 子(아들 자·자식 자·첫째지지 자·사람 자·스승 자)

성심편(省心篇, 마음을 살펴 조심하기 편) - ④

대장부(大丈夫)는 착한 것을 보는 것이 밝으므로 명분(名分)과 절의(節義)를
태산(泰山)보다 중하게 여기고, 마음 쓰기가 굳세기 때문에 죽는 것과 사
는 것을 기러기 털보다 가볍게 여기느니라.

_ 경행록(景行錄)에서

- 대장부(大丈夫) : 건강하고 씩씩한 사내 또는 남자.
- 명분(名分) : 이름과 신분 또는 도덕상 구별된 명의(名義)에 따라 지켜야 할 도리.
- 절의(節義) : 절개(節槪)와 의리(義理)라는 뜻으로 신념을 굽히거나 변하지 않는 충실한 태도와 사람으로서 마땅히 할 옳은 도리.

21

착한 것을 보거든 목이 말라 물을 구하듯이 하고 악(惡)한 것을 듣거든 귀머거리같이 하라. 또 착한 일은 모름지기 탐(貪)을 내고 악한 일을 즐겨하지 말라.

요점 이해

착한 일과 악한 일을 엄하게 구별하여 악한 일은 물리치고 선한 일은 목말라 하듯이 찾아서 기쁘게 행하라.

어휘·용어 풀이

❶ 구하다(求~, look for·seek for) - 필요한 것을 손에 넣으려고 찾거나 청하거나 또는 그렇게 하여 얻는.

• 求(구할 구·빌 구·청할 구·탐할 구·취할 구·모을 구·모일 구·나무랄 구)

❷ 악(惡, evil·badness) - 인간의 도덕적 기준에 맞지 않는 마음·생각·의지나 나쁜 행위. 인간에게 해로운 자연 및 사회 현상, 부정(不正)·부패·병·천재(天災)·나쁜 풍습.

• 惡(악할 악·나쁠 악·더러울 악·추할 악·병들 악·미워할 오)

❸ 모름지기(It is proper that one should + 동사원형) - 사리를 따져 보건대 마땅히·반드시.

❹ 탐내다(貪~, covet·desire·want·be covetous of) - 몹시 마음에 들어 제

것으로 하고 싶어서 부러워하거나 욕심을 내는.

- 貪[탐낼 탐·탐할 탐·바랄 탐·희망할 탐·자초(自招)할 탐]

교양코너 – 『명심보감』

성심편(省心篇, 마음을 살펴 조심하기 편) – ⑤

도리(道理)가 아닌 재물(財物)은 멀리하고, 정도(程度)에 지나치는 술을 경계(警戒)하며, 반드시 이웃을 가려 살고, 반드시 벗을 가려 사귀며 질투(嫉妬)를 마음에 일으키지 말고, 참소(讒訴)하는 말을 입에서 내지 말며, 동기간의 가난한 자(者)를 소홀(疏忽)히 하지 말고, 다른 부유(富裕)한 자(者)에게 후(厚)하게 하지 말며, 자기의 사욕(私慾)을 극복(克服)함에는 부지런하고 아껴 쓰는 것을 첫째로 삼고, 민중(民衆)을 사랑함에는 겸손(謙遜)하고 화평(和平)하게 하는 것을 첫째로 삼을 것이며, 언제나 지나간 날의 잘못됨을 생각하고, 매양(每樣) 앞날의 허물을 생각하라. 만약 짐(朕)의 이 말에 의한다면 나라와 집안을 다스림이 오래갈 것이니라.

_ 신종황제어제(神宗皇帝御製)에서

- 참소(讒訴) : 남을 헐뜯어서 죄가 있는 것처럼 꾸며 윗사람에게 고하여 바치는.
- 매양(每樣) : 매 때마다. 언제든지 한 모양으로. 늘.
- 신종황제어제 : 중국 송(宋)나라 신종황제(神宗皇帝)가 직접 쓴 글.
- 짐(朕) : 옛날 중국에서 임금이나 천자(天子)가 '나'라는 뜻으로 자기 스스로를 일컫는 말. * 천자(天子) : 군주 국가의 최고 통치자.

22

처자(妻子)를 사랑하는 마음으로써 어버이를 섬긴다면 그 효도(孝道)는 극진(極盡)히 할 수 있을 것이며, 부귀(富貴)를 보전(保全)하려는 마음으로써 임금을 받든다면 충성(忠誠)이 아닌 것이 없을 것이다.

요점 이해

부모에 대한 효도는 아내와 자식을 사랑하듯이 하고, 나라에 대한 충성은 자신의 부귀와 영광을 탐내듯이 하라.

어휘·용어 풀이

❶ 처자(妻子, one's wife and children) - 법률상 혼인 관계에 있는 아내와 자식.

· 妻[아내 처·시집보낼 처·아내로삼을 처·간음(姦淫)할 처] · 子(아들 자·자식 자·첫째지지 자·스승 자·사람 자)

❷ 섬기다(be attentive to·be devoted to) - 윗사람이나 어른을 잘 모시어 받들다.

❸ 효도(孝道, filial duty·filial devotion) - 부모를 정신적으로 물질적으로 봉양(奉養)하며 섬기는 도리.

· 孝[효도 효·상복(喪服) 효·부모를섬길 효] · 道(길 도·가르칠 도·깨달을 도·다스릴 도·말할 도)

❹ 극진하게(極盡~, cordially·devotedly) - 어떤 대상에 대하여 있는 정성을 다하는 태도가 있게.

  • 極(극진할 극·지극할 극·다할 극·이를 극) • 盡(다할 진·완수할 진·극치에달할 진·사망할 진)

❺ 부귀(富貴, riches and honours) - 재물을 아주 많이 가지고 있고 귀한, 재산이 많고 지위가 높은.

  • 富(부유할 부·재산이많을 부·성할 부·풍성할 부) • 貴(귀할 귀·신분이높을 귀·중요할 귀·공경할 귀)

❻ 보전하다(保全~, preserve·maintain) - 잘 보호(保護)하여 안전하게 하는.

  • 保(지킬 보·보호할 보·유지할 보·보존할 보) • 全(온전할 전·무사할 전·상처없을 전·갖출 전)

❼ 임금(King·monarch·sovereign) - 왕(王)과 같은 말이며 군주 국가에서 나라를 다스리는 권리를 가진 우두머리.

  *군주국가(君主國家) : 군주가 세습적으로 국가 원수가 되는 나라.

❽ 받들다(look up to·esteem) - 썩 공경하여 높이 모시다, 밑에서 받아 올려 들다.

❾ 충성(忠誠, loyalty·faithfulness) - 진정에서 우러나는 정성, 임금이나 조국에 바치는 충직(忠直)한 지성(至誠).

  • 忠(충성 충·정성 충·공평할 충·충성할 충) • 誠(정성 성·진실 성·참으로 성·과연 성·삼갈 성)

교양코너 – 『명심보감』

성심편(省心篇, 마음을 살펴 조심하기 편) – ⑥

덕(德)이 적으면서 지위(地位)가 높고, 지혜(智慧)가 없으면서 꾀하는 것이
크다면, 재앙(災殃)이 없는 자(者)가 드물 것이니라.

_주역(周易)에서

• 꾀하다 : 무엇을 이루거나 해결하려고 작정하고 그 방법이나 대책을 쓰다.

• 재앙(災殃) : 화산·지진·홍수·화재·산사태·질병으로 말미암아 생긴 불행
한 사고.

• 주역(周易) : 고대(古代) 중국의 철학서로 길흉(吉凶)을 판단하여 점치는 책.

23

> 평소(平素)의 언행(言行)은 공손히 하고 공사(公私)의 직무(職務)
> 는 신중(愼重)히 하며 대인(對人)관계는 성실(誠實)히 해야 한다.

요점 이해

공손한 언행과 신중한 근무태도와 성실한 대인 관계는 국민을
대하는 공직자의 기본자세이다.

어휘·용어 풀이

❶ 평소(平素, ordinary times·usually) - 평상시 일상생활을 하고 있을
때, 특별한 일이나 사고가 없는 보통 때.
   • 平(평평할 평·판판할 평·고를 평·평상시 평)   • 素(본디 소·바탕 소·평소 소·처음 소·
   흴 소)

❷ 언행(言行, words and deeds) - 언어와 행동, 말하는 것과 행동하
는 것.
   • 言(말씀 언·말 언·견해 언·언론 언·하소연 언)   • 行(다닐 행·갈 행·행할 행·유행할 행·돌 행)

❸ 공손히(恭遜~, politely·courteously) - 사람을 대할 때 어려워하는 기
색이 있고 겸손하게 하는.
   • 恭(공손할 공·예의바를 공·삼갈 공·섬길 공)   • 遜[겸손할 손·순할 손·사양할 손·양위(讓

位, 임금이 다음 임금이 될 이에게 왕위를 물려주는)할 손]

④ **공사**(公私, public and private affairs) - 공공의 일과 사사로운 일, 사회와 개인, 정부와 백성.

- 公(공평할 공·공변될 공·함께할 공·공적 공) • 私[사사 사·사사로울 사·집안 사·간통 사·사처(私處, 개인적으로 또는 개인적인 관계로 자리를 잡고 사는 곳) 사]

⑤ **직무**(職務, duty·office) - 기관이나 조직의 직제 또는 법령에 의하여 책임을 지고 맡아보는 사무.

- 職(직분 직·직책 직·벼슬 직·일 직·사업 직) • 務[힘쓸 무·권면(勸勉, 권하고 격려하며 힘쓰게 하는)할 무·구할 무·업무 무·공무(公務) 무]

⑥ **신중히**(愼重~, carefully·cautiously) - 사람이나 사물·문제 등을 대할 때 차근차근하며 조심성이 있는.

- 愼(삼갈 신·근신할 신·두려워할 신·진실로 신) • 重(무거울 중·소중할 중·거듭 중·삼갈 중·겹칠 중)

⑦ **대인**(對人, toward personnel·with the person) - 어떤 일이나 관계로 다른 사람을 대하는.

- 對(대할 대·마주할 대·대답할 대·대조할 대) • 人[사람 인·인간 인·다른사람 인·어른 인·성인(成人) 인]

⑧ **성실**(誠實, sincerity·faithfulness) - 정성스럽고 참되어 실속이 있는.

- 誠(정성 성·진실 성·참으로 성·삼갈 성) • 實(열매 실·씨 실·종자 실·바탕 실·참된 실)

교양코너 – 『명심보감』

입교편(立敎篇, 가르침을 본받아 실천하기 편)

충신(忠臣)은 두 임금을 섬기지 않고, 열녀(烈女)는 두 지아비를 바꾸어 섬기지 않느니라.

_ 왕촉(王蠋)의 말씀

- **충신**(忠臣) : 나라와 임금을 위하여 진정에서 우러나오는 정성을 다하는 신하(臣下).
- **열녀**(烈女) : 신념을 꿋꿋하게 지키는 절개(節槪)가 굳은 여자.
- **왕촉**(王蠋) : 중국 전국시대 제(齊)나라 사람으로 연(燕)나라에 패하자 항복을 하지 않고 자결했음.

벼슬아치를 다스림에는 공평(公平)함만 같음이 없고, 재물을 대함에는 청렴(淸廉)함만 같음이 없느니라.

_ 충자(忠子) 말씀

- **공평**(公平) : 어느 한쪽으로도 치우치지 않고 올바르고 공정한.
- **청렴**(淸廉) : 마음이 깨끗하고 맑으며 재물을 탐내지 않는.

24

> 학문(學問)은 지식(知識)을 쌓는 것에 그치는 것이 아니고 그
> 지식을 모든 사람들을 위해 유용(有用)하게 실천(實踐)하는
> 것이다.

으점 이해

스스로 지식을 터득하여 쌓은 학문은 공동의 이익을 위하여
널리 베풀 때 그 가치는 더욱 빛난다.

어휘·용어 풀이

❶ 학문(學問, learning·scholarship) – 인문·사회나 자연·과학 등 어떤
분야를 체계적으로 배우고 연구하는, 사물(事物)을 탐구(探究)
하여 이론적으로 체계화된 지식을 이루는 일.
  • 學(배울 학·공부할 학·흉내낼 학·학문 학) • 問[물을 문·문초(問招)할 문·방문할 문·
  찾을 문]

❷ 지식(知識, knowledge) – 연구하거나 배우거나 실천을 통해서 얻
은 명확한 인식이나 이해.
  • 知(알 지·알릴 지·나타낼 지·주관할 지·사귈 지) • 識(알 식·지식 식·식견 식·적을 지·
  기록할 지·깃발 치)

❸ 유용하게(有用~, usefully·valuably) – 쓸모가 있게, 소용되게, 이용

할 데가 있게.

- 有(있을 유·존재할 유·가질 유·친하게지낼 유) • 用(쓸 용·부릴 용·사역할 용·베풀 용·용도 용)

❹ 실천하다(實踐~, practice·practise) – 어떤 일을 실지로 수행하다, 무엇을 개조하는 인간의 활동을 이르는.

- 實(열매 실·씨 실·종자 실·바탕 실·참된 실) • 踐[밟을 천·짓밟을 천·유린(蹂躪, 남의 권리나 인격을 짓밟는)할 천·실천할 천]

교양코너 – 『명심보감』

치가편(治家篇, 가정을 바르게 다스리기 편)

무릇 모든 아랫사람들은 일의 크고 작음이 없이 제멋대로 행동하지 말고, 반드시 집안 어른께 여쭈어 보고서 해야 하느니라.

_ 사마온공(司馬溫公)의 말씀

- **사마온공**(司馬溫公) : 중국 북송(北宋) 때의 학자(學者)이자 정치가인 사마광(司馬光)을 가리킴.

무릇 종을 부리는 데는 먼저 그들의 배고픔과 추위를 생각할지니라. 자식이 효도(孝道)하면 부모(父母)가 즐겁고, 집안이 화목(和睦)하면 만사(萬事)가 이루어지느니라.

_ 태공(太公)의 말씀

- **효도**(孝道) : 부모를 정신적으로 물질적으로 봉양(奉養)하며 잘 섬기는 도리.
- **화목**(和睦) : 서로 뜻이 맞고 정다운, 사이가 좋고 즐거운.

• 강태공(姜太公) : 중국 주(周)나라 초엽의 조신(朝臣)인 태공망(太公望)을 그의 성 (姓)과 함께 이르는 말.

• 조신(朝臣) : 정치를 의논하고 집행하는 조정(朝廷)에 몸을 바치고 있는 모든 신하(臣下).

25

> 현자(賢者)나 인자(仁者)가 천하(天下)에 행할 다섯 가지 덕(德)
> 은 공손(恭遜)과 관대(寬大)와 신의(信義)와 민첩(敏捷)과 은혜(恩
> 惠)이다.

요점 이해

지혜롭고 어진 사람은 만인에게 겸손한 태도와 너그러운 마음
과 성실한 의리와 재빠른 실천과 베푸는 마음으로 대하는 것
을 기본 도리로 생각한다.

어휘·용어 풀이

❶ 현자(賢者, wise man·sage) – 어질고 총명하여 성인(聖人)의 다음가
  는 사람.

  * 성인(聖人) : 지혜와 덕이 매우 뛰어나 길이 우러러 본받을 만한 사람.

  • 賢(어질 현·선량할 현·현명할 현) • 者(놈 자·사람 자·것 자·곳 자·여러 자·무리 자)

❷ 인자(仁者, a benevolent person) – 마음이 너그럽고 인정이 두터우
  며 슬기롭고 착한 사람.

  • 仁(어질 인·자애로울 인·인자할 인·사랑할 인) • 者(놈 자·사람 자·것 자·곳 자·여러 자·
  무리 자)

❸ 천하(天下, the world) – 하늘 아래, 하늘 아래의 온 세상, 온 세계,

온 지구.

- 天(하늘 천·하느님 천·임금 천·자연 천·운명 천) • 下(아래 하·밑 하·뒤 하·끝 하·임금
하·귀인 하)

❹ 행하다(行~, act·conduct·practice) – 어떤 일을 몸소 실천하거나 직접 해나가는.

- 行(다닐 행·갈 행·행할 행·관찰할 행·유행할 행·돌 행)

❺ 덕(德, virtue) – 공정하고 포용성이 있는 마음이나 품성, 도덕적 이상과 법칙을 좇아 의지를 결정하는 인격적 능력.

- 德[큰 덕·베풀(도와주어서 혜택을 받게 하는) 덕·고맙게생각할 덕·선행 덕·정의 덕]

❻ 공손(恭遜, politeness) – 사람을 대할 때 어려워하는 기색이 있고 겸손한.

- 恭(공손할 공·예의바를 공·삼갈 공·섬길 공) • 遜[겸손할 손·순할 손·사양할 손·양위(讓位)할 손·도망할 손] * 양위(讓位) : 임금이 왕위(王位)를 다음 임금이 될 이에게 물려주는.

❼ 관대(寬大, generosity·tolerance) – 사람에게 대하는 마음이 너그럽고 큰.

- 寬(너그러울 관·도량이클 관·관대할 관·넓을 관) • 大(큰 대·클 대·심할 대·존귀할 대·훌륭할 대)

❽ 신의(信義, faithfulness) – 굳건한 옳은 도리(道理)를 지키는 믿음과 의리.

- 信(믿을 신·신임할 신·맡길 신·신봉할 신·마음 신) • 義(옳을 의·의로울 의·바를 의·선량할 의)

❾ 민첩(敏捷, quickness) – 활동하는 힘이 뛰어나게 매우 빠른.

• 敏(민첩할 민·재빠를 민·영리할 민·힘쓸 민) • 捷(빠를 첩·날랠 첩·승리할 첩·노획물 첩)

❿ 은혜(恩惠, favours·indebtedness) – 누가 또는 누구에게 고맙게 베풀어 주는 신세나 혜택.

• 恩(은혜 은·인정 은·온정 은·혜택 은·베풀 은) • 惠[은혜 혜·사랑 혜·자애 혜·인자(仁慈)할 혜]

＊인자(仁慈) : 마음이 너그럽고 인정이 많으며 베푸는 사랑이 두터운.

부록

노자(老子)의
수유칠덕(水有七德)

중국 춘추(春秋) 시대의 사상가(思想家)인 노자(老子)는 물(水)이 가진
일곱 가지 덕목(德目)이 인간 수양(修養)의 근본이며 가장 선(善)하
고 아름답게 사는 길이라고 하였다.

1. 낮은 곳을 찾아 흐르는 물의 겸손(謙遜).
   겸손 : 자신을 낮추고 예의를 갖추어 상대방을 높이며 공손하게
   대하는.
2. 막히면 돌아갈 줄 아는 물의 지혜(智慧).
   지혜 : 사물의 이치를 깨달아 밝히고 시비(是非)와 선악(善惡)을 가려
   내는 능력.
3. 맑고 탁함의 구분 없이 모두 받아주는 물의 포용력(包容力).
   포용력 : 남의 허물이나 결점을 이해하여 너그럽고 아량 있게 감
   싸주며 받아들이는.
4. 모양이 다른 어떤 그릇에나 다 담기는 물의 융통성(融通性).
   융통성 : 그때그때의 사정과 형편에 따라 지체 없이 일을 처리하
   는 재주.

5. 바위도 뚫는 물의 끈기와 인내(忍耐).

　인내 : 어려움이나 괴로움을 끝까지 참고 견디어 내는.

6. 천 길 절벽에도 과감하게 떨어지는 물의 용기(勇氣).

　용기 : 두려운 일에 물러서지 아니하고 용감하게 맞서는 기운.

7. 유유히 흘러 바다를 이루는 물의 대의(大義).

　대의 : 사람으로서 마땅히 행하거나 지켜야 할 큰 뜻이나 의리.

명장(名將) 손무(孫武)의
인물(人物) 소개

· 그는 자(字)가 장경(長卿)이고 중국 춘추 시대(春秋時代) 말기 제(齊)나라 낙안(樂安) 사람임.

· 그는 세계 군사사(軍事史)에서 병가(兵家)의 성인(聖人)이라는 뜻으로 병성(兵聖) 또는 무성(武聖)으로 추앙(推仰)받는 인물임.

· 그는 청년 시절부터 전쟁에 참여하여 공(功)을 세웠고 오(吳)나라로 이주하여 산간벽지에 숨어 살면서 20년 동안 병법(兵法)을 탐구(探究)하여 그의 손자인 손빈(孫臏)과 함께 3대에 걸쳐 「손자병법」을 저술하였음.

· 그는 그 뒤 오대부(五大夫) 오원(伍員)의 추천을 받아 병법(兵法)으로 오(吳)나라 왕(王)인 합려(闔閭)를 만나 장군(將軍)이 되어 전쟁에서 초(楚)나라를 격파(擊破)하는 공(功)을 세웠음.

· 그는 세계적 전략서(戰略書)인 「손자병법」과 초(楚)나라를 격파하는 공(功)을 남겼지만 만년(晩年)에는 죽어 오현에 묻혔고 그의 남은 기록은 자손인 손견(孫堅)이 부춘(富春)에 정착했다고만 되어 있음.

· 그의 5,900여 글자의 「손자병법」은 군사과학(軍事科學)이 독립

된 학문으로 사회 과학 영역에 출현했으며 무한 경쟁(無限競爭)의 시대에도 2,000년 넘게 무장(武將)들에게 작전(作戰)의 성전(聖典)으로 존중받고 있음.

· 知彼知己 百戰不殆(지피지기 백전불태): '적을 알고 나를 알면 백번 싸워도 위태롭지 않다'라는 말은 「손자병법 모공편(謀功篇)」에서 알려진 말로 세상을 살아가는 지침으로 사용되고 있다.

· 자(字): 사람의 이름을 소중히 여겨 본이름 외에 부르기 위하여 짓는 이름.

· 군사사(軍事史): 군대·군비·전쟁 따위에 관한 군사를 연구하고 기록한 역사(歷史).

· 병가(兵家): 군사를 지휘하여 전쟁하는 방법에 능한 전문가.

· 성인(聖人): 사리(事理)에 통달하고 덕(德)과 지혜가 뛰어나 우러러 받들고 스승이 될 만한 사람.

· 성전(聖典): 병술(兵術)과 무술(武術)에 대한 성인(聖人)들의 말씀으로 이루어진 책.

· 추앙(推仰): 높이 받들어 우러러보는.

· 만년(晩年): 나이가 들어 늙어가는 시기, 노년(老年).

주머니에서 꺼내보는 지혜

발행일 2023년 4월 10일 초판 1쇄

지은이 장원일
발행인 고영래
발행처 (주)미래사

주소 서울시 마포구 토정로 195–1 정우빌딩 3층
전화 (02)773-5680
팩스 (02)773-5685
이메일 miraebooks@daum.net
등록 1995년 6월 17일(제2016-000084호)

ISBN 978-89-7087-913-0 (03190)